だれも書かなかった「部落」

寺園敦史

講談社+α文庫

文庫版はしがき――同和《どうわ》事業《じぎょう》と解放運動が生み出したもの

「そもそも部落《ぶらく》って何ですか。なぜ部落の生まれという理由で差別を受けるのですか」

わたしは同和行政と部落解放運動の取材をはじめて、せいぜい一〇年あまりにしかならないが、読者からしばしばこんな質問を受けることがある。この問いに、的確に答えるのは容易なことではない。

同和対策事業特別措置法[註①]（同特法）第一条では、事業実施の対象地域（部落）を「歴史的社会的理由により生活環境等の安定向上が阻害《そがい》されている地域」と規定しているだけだ。これではなんのことかさっぱりわからない。研究者は部落のことを「近世の封建的身分制の最下位におかれていた賤民《せんみん》のなかで、主としてもっとも主要な部分を占めていた『エタ』を直接の先祖とし、近代以後もなお旧身分の残滓《ざんし》に苦しめられてきた人びとが集中的に居住している地域」（『部落問題用語解説〈改訂増補版〉』兵庫部落問題研究所、一九九五年）と定義してきた。この理解は現在も一般的なものであろう。

しかし、これにはかなり無理がある。現実の「部落」と呼ばれる地域には、「『エタ』を直接の先祖」とする「部落民」（行政用語で「同和関係者」）以外も多数居住しており、そういった人たちのほうが住民の多数派という地区のほうが多いだろう。というより、自分が本当に「『エタ』を直接の先祖」としているのかを証明できる人なんて、きわめて限られているはずだ。「『エタ』を直接の先祖」とするかしないかにかかわらず、周囲からは「部落民」と認識されているケースなど山ほどある。

いや、それ以前の問題として、あたかも「民族」や「部族」のように、特定の血統を根拠に、だれが部落民かなどと規定するとらえ方自体に、大きな問題がある。また、現実の社会のしくみの中で生じたはずの差別の理由を、数百年前の身分制度に求めるのは逆立ちした論理であろう。部落問題は近現代の日本社会が抱える社会問題であり、江戸時代の問題ではないのである（この点については、畑中敏之『「部落史」の終わり』『身分・差別・アイデンティティ』いずれも、かもがわ出版刊参照）。

冒頭の問いをわたしにしてくるのは、部落問題に接する機会が少ないと思われる東日本に住む人ばかりではない。かなりの数の部落が存在しているはずの府県に住んでいながら、部落や部落差別を体感的にイメージできない人たちもめずらしくない。

一昔前なら、「部落のことを知らず、無関心であることは、差別に加担することになる」などともっともらしく言われていたが、いま現在、その理屈の妥当性はかなり薄れてきているだろう。部落差別の実態が、社会問題としての深刻性をもはや持ち得ていないという現実が、この疑問の背景にあると、取材を通して、わたし自身は実感している。

部落差別がこの社会からなくなったというわけではない。また、社会問題としての深刻性は薄れたとはいえ、それはあくまで相対的なもので、人によっては自らの出自《しゅつじ》にかかわって深刻に悩んでいる現実も今なおあるに違いない。だが、社会全体としてみた場合、たとえば三〇年くらい前と比べて部落差別は問題にならないほど解決しているという点では、運動団体の違いにかかわらず、同意できるはずである。

部落の環境や住民の経済状況、教育状況はこの半世紀、大きく改善し、部落差別自体もかなりの面で解消された。だが一見奇妙な現象だが、これまで部落問題の解決に取り組んできた行政や部落解放運動団体に対する市民の目には、冷ややかなものがある。本書の舞台となる京都市をはじめとして、（註②）同和対策事業や部落解放運動が強力に取り組まれてきた自治体ほど、その傾向が強いのではないか。

部落差別は不当である。だが、行政と運動団体のやっていることには納得がいかない——部落問題が解決に向かったというのに、問題解決の中核を担ってきたはずの両者への不信や反発が強く残されてしまったのは、いったいどうしたことか。

これまで行政や運動団体は、市民のこのような冷ややかな視線を、「同和行政に対する無理解」「部落に対するねたみ意識だ」と断じ、耳を傾けることは少なかったし、説明責任を果たすなんてことはさらにまれだった。場合によっては、「これこそが部落に対する差別意識の表れだ」として、さらなる事業拡充《かくじゅう》の根拠とさえされてきた。わたしは、この批判を受け入れない体制・体質こそが今日、部落問題の解決をややこしくしている主因の一つではないか、と考えている。

冷ややかな視線をおくる人びとの中には、従来の差別意識を持つ人もいたかもしれない。しかし、そういう人たちばかりだとはけっしていえないのだ。

たとえば、世帯の経済状況にかかわりなく、ただ「同和関係者」だということを唯一の理由に、金額にして月一〇万円以上もの公金を受給することができる個人給付制度。解放運動団体の推薦があれば、京都市職員になれる同和「選考採用」制度。運動団体が実施する温泉旅行や慰安《いあん》旅行にも、数十万円から数百万円の公金が支給される同和助成制度。運動団体に所属する市職員が勤務時間中でも団体の組織活動に従事でき、その時間の給料がカットされることもない同和職免制度……。

これらは非公式に行われていたものではなく、京都市が市の同和問題の解決のための事業として公然と掲げて行われてきた制度だった。この事実を知れば、たいていの市民が「なんで部落だけ優遇されるのか」と疑問を抱くのも当然であろう。「ねたみ」でも「差別意識」でもない。行政も運動も、この疑問に今もなお、答えることはない。

同和対策事業と部落解放運動が、部落問題の解決に寄与してきたことは間違いない。だがいつの時代においてもそうだとはいえない。京都市の場合、一部の地区をのぞいて一九七〇年代後半には、部落の実態は大きく改善されたといわれているが、それ以後も従来どおり、というよりむしろ、事業はより拡充されて継続した。この一九八〇年代以降の同和対策事業と解放運動は、部落問題と地区住民にどんな影響を及ぼしたのか、本当に差別の解消に寄与してきたといえるのか。これが本書でのわたしの問題意識の中心だ。

これは取材を進めていくにしたがって実感したことだが、わたしの問題意識を検証するには、京都市はきわめて重要な自治体だった。まず何よりも「歴史と伝統」である。戦前からの同和行政と解放運動の輝かしい歴史を有する。戦後の同和対策事業と部落解放運動の闘争スタイルは、京都市から生まれその後全国に波及していった。その京都市でいま事業と運動はどんな実態にあるのか。

第二に、京都市では一九八〇年代以降もきわめて充実した同和対策事業が継続されていた。中には前記のような、関係者が言うところの「ねたみ意識」をかき立てる制度も多数存在しており、事業と運動の問題点を知るにはうってつけのところだったのである。

同和対策事業批判は、数少ないもののいくつかのメディアによってなされることは過去にもあった。それらは政治的立場、運動団体の立場から、立場を異にする陣営への批判といった性格が強かった。この批判自体の意義をわたしも否定するつもりはない。ある時期においては効果的だったこともあったと思っている。しかし、運動団体間の論争だけでは、浮かび上がってこない問題点もあるのではないか。「不公正・乱脈」という批判の対象となる同和対策事業を実際に受けている部落の人たち、とくに差別体験をほとんどもたないと思われる若い人たちは、いったいどう受け止めているのだろうか。そういう人たちから見た同和対策事業と解放運動の意味を取材を通して考えてみたい。

モノとカネでは差別はなくならなかった。だから行政はこれからは「啓発《けいはつ》」に力を入れていくべきだ、という主張が運動団体側からよくなされる。もっともらしいスローガンだが、事実はおそらく違うのではないか。モノとカネ、あるいはある時期以降の事業と運動が地区住民の自立や将来の可能性を阻害《そがい》し、周辺地区との間に壁を築いた。事業と運動が、部落の新しい社会的隔離《かくり》を生み出した。市民を「啓発」するだけでは解決しない。これが本書でのわたしの結論である。

二〇〇二年三月末、「地対財特法」が完全失効し、三三年間続いた同和対策事業特別法体制が終結を迎えた（京都市では一九五二年より本格的な事業が開始されているのでほぼ半世紀ぶり）。この間全国で投入された予算は一五兆円をはるかに超える。これまで国と地方自治体が特別の予算をつけ、「同和問題の解決」のため、さまざまな事業を実施してきたが、財政的裏付けがなくなったのである。

こうなると行政とは冷たいもので、スピードの差はあるものの一部の自治体をのぞいていっせいに同和行政は終結に向かった。京都市においても同様で、「同和」を特別扱いする事業は、法失効とともにほとんど姿を消した。本書で言及した事業、たとえば個人給付制度や同和「選考採用」制度などももう廃止された。

だが、表向きの「同和」対策事業が終結することで、自動的にこれまでの行政内部の矛盾も氷解するわけではない。法失効後の二〇〇二年一一月、市が同和関係団体に毎年数千万円単位で交付してきた「同和助成金」が、じつは団体に対する裏金であったことが発覚した（『だれも書かなかった「部落」3』かもがわ出版刊参照）。市民の目が届かないところで、行政と運動団体が連携して長期にわたって行ってきた事業だ。いまだ明るみに出ていない「膿《うみ》」が存在している可能性は少なくない。事業と運動が地区住民に与えた弊害《へいがい》、行政と運動団体との不正常な関係など、本書で指摘した問題点の数々も、いまだ解決に至っていない。

本書は部落問題の概説《がいせつ》書でも入門書でもない。「部落・部落民とは何か」という根底的な問いに答えるものでもない。過去の部落の実態の深刻な様子や部落解放運動のすばらしさをうたいあげる内容では、さらにない。これらのテーマについては、すでに数多くの本が刊行されている。差別をなくすために行われてきた同和事業や運動が今、どんな問題に直面しているのか、それらは社会にどんな影響を与えているのかについてのレポートである。部落問題の一側面にしかすぎないが、今日の部落問題を考える際、あるいはこれまでの行政と運動を総括する際、避けて通ることができない課題を扱っている（現実にはこの課題を避けた論議がされることが多いのだが）。

同時にこの課題は、たんに部落問題にとどまらず、その他のマイノリティの運動やその施策においても、重要な意味を持ち得るものだと思っている。

二〇〇五年三月

寺園敦史

註①同和対策事業特別措置法

一九六九年七月に施行された法律。同特法、同対法、特措法とも略称される。同和地区に対して行政上の特別措置を講ずることで「経済力の培養、住民の生活の安定及び福祉の向上」をはかることが目的。同和事業の重要性、その際の国の財政的な特別措置が定められた。各地で同和事業が大規模に進められ、地区の状況は大きく改善された。法律は一〇年間の時限立法だったが、三年間延長された。その後も、八二年地域改善対策特別措置法（地対法）、八七年地域改善対策特定事業にかかわる国の財政上の特別措置に関する法律（地対財特法）に引き継がれ、結局同和対策事業特別立法体制は二〇〇二年三月まで三三年間続いた。この間投じられた予算は全国で一五兆円を超える。

註②同和対策事業（同和事業）

同和問題の解決のため、国と地方自治体が実施する事業。代表的なものに、部落の住環境整備、奨学金事業などがある。一九六九年施行の同特法により全国的に取り組まれた。

だれも書かなかった「部落」◉目次

第二章 京都市役所の「逆差別」

第四章　「全国最悪」を語る

だれも書かなかった「部落」

序章　京都の「部落」を歩く

註①全国水平社

部落解放運動のはじめての自主的全国組織。一九二二年三月三日京都市内で創立大会を開催。当初はささいな差別も許さない徹底的糾弾闘争を展開したが、後に労働・農民運動との連携を図る傾向を強め、反ファシズム運動の一翼を担った。三八年二月戦争協力声明を発表、四二年一月組織は解消された。

註②オールロマンス闘争

雑誌『オールロマンス』一九五一年一〇月号に、京都市職員が書いた小説「特殊部落」を差別小説だとして、部落解放全国委員会京都府連が京都市に対して行った糾弾闘争。解放委員会は、行政が放置してきた低位な部落の実態が差別意識を生み出しているとして、京都市の責任を追及した。市は責任を認め、翌年度より同和対策事業予算を六倍化した。差別事象の追及を行政闘争と結合して行い、同和事業を獲得していくというこのときの運動スタイルは、全国に強い影響を及ぼした。

「原告の訴えを却下する。あとは判決文を参照してください」

文字通り五秒だった。一九九七年一月一七日、京都地裁で裁判長が判決言い渡しに要した時間である。

「つかみ金」訴訟《そしょう》。一九八八年度、京都市が同和対策費（報償費《ほうしょうひ》）として処理した三四〇万円は、領収証も報告書も何もなく、使途不明であり違法支出である——市民一六人が当時の市長と同和対策室長を相手に起こした損害賠償《ばいしょう》訴訟である。傍聴《ぼうちょう》していた私が、原告代理人の二人の弁護士が法廷から退出するまで、判決が言い渡されたことに気づかないほどあっけないものだった。すでに裁判長は同じ法廷で開かれている次の訴訟の判決を、やはり機械的に読み上げはじめていた。

法廷を出た後、判決文を手に入れた代理人の村井豊明弁護士にどんな判決だったかと聞く。

判決は言う。この種の訴えは住民監査請求を経て起こさなければならないが、原告側の監査請求は今回の公金支出の問題が判明して約三ヵ月後に行われている。「遅くとも六〇日以内に請求すべきで、監査請求は不適法。監査請求を経ない訴えは地方自治法に反する」——というものである。

「訴えの内容についてはなにも審理《しんり》していない。この同和行政をどう審理するか裁判所は逃げたとしか思えない。話にならないな」

村井弁護士はそう言い放つ。後日、原告は控訴を決める。

それにしてもこの日、判決公判だというのに傍聴者はほとんどいなかった。法廷には別の数件の判決を待つ傍聴者が二〇人ほどいたので、京都市関係者が何人来ていたかわからないが、少なくとも原告側の傍聴者は私をいれて二人だけ。その一人も原告で同志社大学名誉教授の今井俊一さん（七五歳）だった。新聞各社は取材に来ていたが、村井弁護士から一通りのコメントをとるとすぐに引き上げていった。

村井弁護士と今後の簡単な打ち合わせをし終わった今井さんと一緒に、私も裁判所を後にした。

「う～ん。腹立つなあ……。なんかだんだん腹立ってきたわ。なんでこんなことが許されるんやろ」

今井さんは歩きながら独り言のようにつぶやく。村井弁護士から判決内容の説明を受けたときはだまって聞いていたが、事態が飲み込めるにしたがって怒りがわいてきたという。

この裁判では、京都市の公金を使った部落解放運動団体幹部とのほぼ連日に及ぶ飲み食いの実態が、詳細に明らかにされている。当時の同和対策室長ら行政みずからの口から、京都市の「闇」の部分の一端が語られたのだが（第三章IIで詳述）、世間ではほとんど話題になることもなく、裁判（一審）自体が終わってしまった。全国的に官官接待、カラ出張など行政の公金不正支出に大きな批判が集まっているというのに、「同和」と名がつけばやはりマスコミは二の足を踏んでしまうようだ。この日の判決も、翌日の地方面の片隅にベタ記事で伝えるのみだった。

部落問題、同和行政において、「京都」は独自の意味をもつ。

第一に、よく知られていることだが、京都は全国[註①]水平社の発祥地なのである。一九二二年三月三日、京都市岡崎公会堂（現京都会館別館）で創立大会が開かれている。京都会館にはその記念碑も建立されている。そして行政も全国に例を見ない、今で言う「同和対策事業」を戦前から市独自で行っている。

第二に、戦後の同和行政、部落解放運動の「原型」が京都でつくられている。一九五一年、雑誌『オールロマンス』一〇月号に京都市職員執筆の小説「特殊部落」が掲載された。当時の部落解放全国委員会京都府連は、部落に対する誤った認識を助長する小説として、京都市を追及する。「部落の低位な実態に対して何ら対策をとらずに放置してきた京都市に最大の責任がある」――と。差別事象の追及と行政闘争とを結合させてたたかうという運動論のはじまりであった。(註②)京都市は「オールロマンス闘争」後、同和対策事業を拡充していく。この運動論は全国で実践され、解放運動は大きな高揚期をむかえていく。

ある時期まで、運動においても行政においても、京都市はまさしくその先頭を走っていた。ところが今日では全国有数の「後進地」に転落している。同和対策事業特別措置法（同特法）による部落内外の格差是正を目的に本格化した同和事業で、その格差も基本的に解消した。京都市の独自性の第三は、今日においてもなお、個人施策などほとんどの事業がそのまま継続されていることである。当然、広範な市民の隠然たる不信を招き、市議会でも過去三回にわたって、不正常な実態の是正決議も上程されたほどなのだ。一九六九年以来続いた同和対策の特別立法（同特法→地域改善対策特別措置法（地対法）→地域改善対策財特法（地対財特法））の期限切れをむかえて、全国の多くの自治体は同和行政の抜本的な見直しを行い、あるいは見直しに着手しているというのに、ここ京都市の動きはきわめて鈍い。同和行政は今や、その掲げる目標とは裏腹に、不公正・(逆)差別・乱脈の象徴になっている。

第四に、そういった行政の実態と表裏の関係として、京都市内の解放運動団体も当

京都の同和地区を歩くと、写真のような風景がよく見られた。写真上は京都市伏見区の改良住宅、写真下は同住宅敷地内にあった看板。1996年12月当時。

初の輝きはすっかり失ってしまっている。数年前、部落解放同盟中央本部の上杉佐一郎委員長は、「過去の運動の中で、部落解放が目的なのか、同和対策事業の獲得が目的なのか、本末転倒の傾向もあった」と自己批判したが、正直言って京都の運動団体の実態はそんななまやさしいものではない。もはや「本末転倒」でさえなく、行政と施策によって組織と運動が維持されていると、当事者も認めるほどの逆転現象に陥っている。そして、同和行政を批判し、行政そのものの終結を主張する全国部落解放運動連合会（全解連）も、規模の大小はあるにしても事情は同様なのである。京都市は、解放同盟と全解連の相対立する両団体が拮抗する勢力をもつ、全国的に見ても珍しい自治体だが、そのことが問題の解決を困難にしている。

現行同和行政に対しては市民の隠然たる不信がある、と書いた。とはいうものの、京都市の同和行政の実態とそこから繰り返し生み出されるさまざまな不正の詳細は、必ずしもオープンになっているわけではない。問題が容易に表に出てこない仕組みになっている、とも言える。私自身、ある程度予想して取材をはじめたが、現実はそれを上回るものだった。そこにはまぎれもなく、巨大な「闇／病み」の山脈が築かれていた……。

いったいなぜ、全国の流れから落ちこぼれて、不正常な同和行政の実態がかくも長く続くのか。しかも日本共産党をはじめ革新勢力がしっかり市民の生活に根を下ろし、戦後一貫して「革新の灯台・牙城」と呼ばれ続けたこの京都で。そんな疑問を抱きながら、「部落」を歩いてみた。

第一章　「暴走列車」の乗客

註①同和地区

被差別部落（部落）をさす行政用語。同特法一条には「歴史的社会的理由により生活環境等の安定向上が阻害されている地域」とある。また、部落とは「近世の封建的身分制の最下位におかれていた賤民のなかで、主としてもっとも主要な部分を占めていた『エタ』を直接の先祖とし、近代以後もなお旧身分の残滓に苦しめられてきた人びとが集中的に居住している地域」（『部落問題用語解説〔改訂増補版〕』兵庫部落問題研究所、一九九五年）という規定が一般的。現実には、いわゆる「部落民」（行政用語で「同和関係者」）以外も部落には多数居住しており、また同和関係者にしても、全員が本当に「『エタ』を直接の先祖」としているのか証明は難しい。差別の要因も「旧身分の残滓」のためとはいえない面がある。

註②部落解放同盟

一九四六年二月に結成された部落解放全国委員会が、一九五五年に発展改組した団体。同和対策審議会答申、同特法制定において大きな役割を果たした。六〇年代半ばから、組織内部の対立が深まり、おもに共産党と協力関係にあった支部、同盟員が六五年に分裂した。九〇年代初めまでは選挙で社会党を支持していたが、現在はおもに民主党を支持。選挙事情によっては自民党、公明党、社民党とも協力関係を結んでいる。

註③全解連

全国部落解放運動連合会の略称。解放同盟中央本部の路線を「反共・部落排外主義」として解放同盟から分裂した府県連によって、一九七〇年に結成された部落解放同盟正常化全国連絡会議が、七六年に改組改称した団体。八〇年代後半より、同和行政の終結を提唱した。結成以来、日本共産党と協力関係にある。

註④同和対策審議会答申

総理府の付属機関として一九六〇年に設置された同和対策審議会（略称同対審）が六五年八月に発表した答申。同和対策史上画期的な意義をもつ。同和問題解決のためには国の総合的な対策が必要として、「特別措置法」の必要性を提言、これが六九年の同特法で具体化した。

註⑤差別落書き事件

「部落」にかかわる内容の落書き。部落解放基本法制定要求国民運動中央実行委員会が毎年刊行している『全国のあいつぐ差別事件』で紹介されている事件の大半は、個人間の発言、公衆トイレやインターネット上の落書きである。

I　自立——「同和漬け」からの脱出

関西大学（大阪府吹田市）で「部落解放論」「差別と社会」などの講義を担当している石元清英さんは、年に数回、ゼミの学生を連れて京都や大阪の「同和地区」（註①）を訪れることにしている。京都では千本地区（北区）などに足を運ぶ。現実の地区や住民の実態から今日の部落問題を学ぶためだ。石元さんは部落解放同盟（註②）本部の中央理論委員会、および京都市部落実態調査研究会などの委員を歴任している。

ところが、一見奇妙な話だが、石元さんは、自分のゼミ生には卒論のテーマとして部落問題を選択することを積極的には勧めないことにしているという。今日の部落問題を一年か二年の勉強によって学生が把握することは、難しいのではないかと考えているからだ。

差別は依然《いぜん》厳しい、住民は今も貧困な生活を余儀《よぎ》なくされている——部落問題に関心をもつ学生は、一般の概説書などからそんなイメージを抱き地区を訪れる。しかし彼らがそこで目《ま》の当たりにするのは、新しい改良住宅、整った文化スポーツ施設……。そしてさまざまな施策《しさく》によって手厚く保護されている住民の暮らしぶりである。収入も他の地域と比べて決して低くはなく、公務員も多い。貧しくもつらくもない実態。地区のそんな現状にふれたとき、学生の多くは先入観と現実との落差に混乱してしまうそうだ。現実をどう理解していけばいいのか、今の同和対策事業は部落差別をなくすために役立っているのか……。地区及び行政の現状と概説書から得た理論とを整合性をもつものとして理解することは難しい。

それでも部落問題をテーマに挑戦した学生は、石元さんの一九八九年の関大着任後、何人かいる。しかし途中でどうしても行き詰まっていく。中には自分の頭の中で整理がつかず卒論がまったく書けなくなってしまったケースもあったという。

講義をしていても同じ反応が返ってくる。石元さんが同和地区の実態調査をもとに、貧しくも暗くもない地区の現状を説明すると、学生——とくに部落解放研究会などに籍をおく、いわゆる活動家の学生——はけげんな表情を見せる。もっとも一般の講義では、「同和」なんてもうたくさんだという学生のほうが多いそうだが。

今日の同和行政の歪《ゆが》みや運動の矛盾点を衝《つ》いたエピソードと言えるだろう。

個人施策がここまで

菱崎邦弘さん（三五歳）は一九九一年三月、結婚を機に生まれ育った西三条地区（京都市中京区）を出て下京区に引っ越した。引っ越す一年ほど前から自分の住所を他人に聞かれることに苦痛を感じるようになっていたと言う。同和地区の住民であることを知られるのが嫌《いや》だったからではない。同和施策によりかかって生活していると見られることが嫌だったのだ。

菱崎さんが引っ越しまでして逃れたいという施策とはどのようなものか。三九ページの表は、一九九三年度の京都市の「地区住民」個人を対象にした施策に限って事業を抜き出してみたものだ。

一人の人間が、生まれる前から年老いるまで、さまざまな施策が用意されている。進学や就職、マイホームの購入など一般に人生の節目と考えられるときの施策が「充実」していることがよくわかる。「妊婦診査」の公費負担からスタートして、乳幼児のときには「耳鼻咽喉《いんこう》科検診治療」を公費負担で受けることができる。小学校入学の際には「支度《したく》金」として五万七〇〇〇円支給され、入学したあとも「特別就学奨励《しょうれい》費」として毎年二万八〇〇〇円分の学用品が支給される。中学校入学にも「支度金」六万一〇〇〇円、毎年三万八二〇〇円分の学用品が支給（「特別就学奨励費」）され、在学中病気・ケガをしても治療費は一部公費負担（「特別医療対策」）してくれる。

中学を卒業するときは「進学支度金」（七万二三四〇円）と「通学用品等助成金」（二万二六六〇円）として合計で九万五〇〇〇円（あるいは「就職支度金」として一〇万七〇〇〇円）の支給を受け、高校に進めば入学金として最高二〇万円、毎月最高八万円の奨学《しょうがく》金を受け取ることができる。高校を卒業するときも約五万九〇〇〇円の「進学支度金」（就職する場合は一〇万七〇〇〇円）が出る。

大学では入学金として最高三五万円、毎月最高八万円の奨学金、また「通学用品等助成金」として約三万六〇〇〇円の支給を受けることができる。大学の入試に失敗した場合も行政は「バックアップ」してくれる。予備校に行く場合も奨学金が出るからだ。

奨学金は市長が認めさえすれば、規定をはるかに上回る額が出される場合もある。金沢医科大学に進んだある男子学生は、一九八七年の入学以来七年間で、なんと二三

39

個人施策事業一覧（平成５年度）

所管局	事業内容	交付額
市民局	（奨学金）高校大学等奨学金	奨学金（月額） 9,000 円〜80,000円以内の実額
		通学用品等助成金（大学）36,050円
	（奨学金）予備校生奨学金	奨学金（月額）　28,000円
		入学金　88,000円以内の実額
	（奨学金）入学金（高校・大学等）	高校　200,000円以内の実額 大学　350,000円以内の実額
	（支度金）小学校入学支度金	57,000円
	（支度金）高等学校卒業生進学支度金	58,950円
	（支度金）高等学校卒業生就職支度金	107,000円
	（支度金）大学卒業生就職支度金	112,000円
	職業補導事業（自動車運転免許）	入所料、教習料、教本代、検定料の実額
	職業補助事業（各種学校）	新入生（年額）1,310,000円以内の実額 ２年生以上（年額）1,190,000円以内の実額
	職業補導事業（調理師試験受験料）	受験料の公費負担
	生活環境改善資金貸付	原則として30,000円以内
	老人等入浴料助成	月15枚の入浴券を交付
経済局	同和地区産業振興融資	一般事業資金（運転資金・設備資金） １企業450万円以内（保証人付500万円以内） 特別設備資金　１企業1,500万円以内
	同和地区農業者対策 農業者の共同利用機械購入助成	80%ないし100%補助
	同和地区農業者対策　農機具貸付	無償貸付
	同和地区農業振興融資	（資材購入資金）１件200万円以内 （園芸近代化促進施設設置）１件400万円以内
衛生局	眼疾患対策	集団検診及び検診治療等費用の公費負担
	成人病検診	循環器及びガン検診費用の公費負担
	乳幼児耳鼻咽喉科検診治療	検診、治療費用の公費負担
	妊婦健康診査	検診委託及び初診費用の公費負担
	栄養改善・健康づくり・人間ドック	（人間ドック）検診費用の７割ないし10割相当額
住宅局	住宅資金等融資	（立ち退き、取得、改修資金） 50万円以上2,000万円以内
教育委員会	（支度金）中学校入学支度金	61,000円
	（支度金） 中学校卒業生進学支度金 中学校卒業生就職支度金	進学支度金　72,340円 通学用品等助成金　22,660円 就職支度金　107,000円
	特別就学奨励費	小学校　28,000円 中学校　38,200円
	特別医療対策	治療費の一部公費負担

（『市職労運動』93年7月号外より）

九五万円を受けとっている（『京都民報』一九九三年三月二八日付）。留年しても与え続けるという厚遇《こうぐう》ぶりである。

しかも奨学金は建前上「貸与《たいよ》」ということになっているが、事実上「給付」なのである。京都市は、その世帯の生活実態をみて返還《へんかん》することが困難であると認められる場合、「自立促進《そくしん》援助金」を支給し返還を肩代わりしている。しかし返還が困難と認められる場合というが、一〇〇パーセント、市が肩代わりしているのが実情なのだ。なぜ返還を求めないのか。一九九五年一二月、議会でこの問題を質問する共産党議員に対し、薦田助役は次のように答えている。

「同和奨学金を自分で返済している人はいない。市がすべて立て替え支給しているのは、よい制度とは言えないが、就職後も何十年にわたって同和奨学金を受けたと言われ続けることがいいことなのかと思う」

各種学校に進学する場合も年額百数十万円を上限とする額が、運転免許の取得も「職業補助制度」としてその費用全額が支給される。何回補習教習を受けても検定に落ちても行政がフォローしてくれる。

それにしても「入学支度金」「特別就学奨励費」、あるいは「眼疾患《がんしっかん》対策」「栄養改善」など、その名称からして時代錯誤《さくご》的な事業が、今日においても続けられていることに驚かされる。

この他に小学生から中学生まで、放課後、学校の先生が地区まで出向いてきて勉強をみてくれたり（センター学習）、最高で月五〇〇〇円の保育料や家賃三〇〇〇～五〇〇〇円前後の改良住宅（市営住宅）への入居も同和施策である。これらは同和地区住民、あるいは場合によれば元住民なら、所得に関係なく受給できる。そしてほとんどの住民は何らかの施策を実際に受けている。ただし、地区住民の中でも「同和関係者」関係でない住民、つまり外部から引っ越してきた人は受けることができない。

「施策」からの脱出

菱崎さん自身、教育関係の施策はこれまで一通り受けてきた。バイクの免許を取るとき、カネがもらえて本当に「得した」と実感したこともあった。しかし施策を受けてきたのは事実だが、そんなふうに行政のカネや制度に依存《いぞん》して今まで生きてきたことを他人に知られるのは愉快《ゆかい》なことではなかった。

大学を卒業し、教員になった。就職したことに伴い、自然と同和施策の「恩恵《おんけい》」を受けることは少なくなっていった。しかし結婚が決まったとき、またしても施策を意識せざるを得なくなった。自分の子どももまた、同じように施策に漬《つ》からせて育てていくのか。妻となる相手も教員をしており経済的に困窮《こんきゅう》していることはない。結婚をして地区を出ようと決意したのは再び施策にかかわった生活を繰り返すことに対する戸惑《とまど》いが大きかった。それと地区の保育所や学校は自分の経験を振り返っても良い教育環境にあるとは思えなかったという。そんな意見を口にすると「それは差別だ」と地区の友達から言われることもあったが。

しかし引っ越しする何年か前まで、菱崎さんは、そんな葛藤《かっとう》も疑問も感じることはなかったという。地区では全解連(註③)の支部役員をしていた。周囲のメンバーも自分と同じような生活をしていたし、そんな生活を非難する声を耳にすることもなかった。同和施策を自分たちは受けているんだという意識も弱かった。西三条とは別の地区の話だが、取材の中で、施策は同和地区住民だけでなく全市民的に実施されているものとばかり思っていたという人にも出会ったことがある。それほど施策は地区住民の生活の一部に組み込まれ、当然のようになっているのである。

菱崎さんがこれまでの生活のあり方を見つめ直すきっかけになったのは四年前、教職員組合の支部書記長になったことだった。書記長をしていると、数百人いる組合員の先頭に立たざるを得ない機会がどうしても多くなる。そんなとき、訳《わけ》もなくただ制度があるからといって行政に寄りかかっていていいものか、背筋を伸ばして組合員の前に、また生徒の前に立てるのかという「後ろめたさ」を感じるようになった。そして次第にみずからの生活に疑問をもちはじめたんだと言う。

菱崎さん夫婦には今、一歳になる赤ちゃんがいる。前に住んでいた地区にちょうど同じ歳の子どもをもち、公務員をしている友達夫婦がいるので、お互いの生活費を比べてみたことがあった。菱崎さんの子どもの保育料は月四万五〇〇〇円、友達のほうは五〇〇〇円。家賃は改良住宅よりは多少広いが五万円、友達は三八〇〇円。車のガレージ代に三万円、友達は一五〇〇円……。これだけで毎月一〇万円以上の差が出てしまう。

「ぼくももしカネに困っていたら地区に残る道を選んでいたかもしれない。いや今でもふと戻ろうかなと思うことがある。だってその気にさえなれば何もせずに一〇万円のカネがたまるんですから」

斎藤京子さん（二七歳）も市内の「同和地区」で両親と暮らしている。子どもの頃、地区内には大勢の親戚《しんせき》が一緒に住んでいたが、今ではそのほとんどが地区からいなくなってしまった。改良住宅の部屋が狭いという物理的な理由も含めて引っ越しの理由はさまざまだが、共通するのは、同和地区出身であることを隠《かく》したいという心理が多かれ少なかれはたらいているという。中にはたまに地区に帰ってくるときも、わざわざ一つ先のバス停で降りて歩いて戻ってくる親戚もいるくらいだ。

「ここで降りるところを見られるのは恥《は》ずかしい」

みずからの出自について、いまだそんな厳しい思いに沈んでいる人もいると、斎藤さんは言う。

転居のもう一つの理由は、「同和（施策）漬け」の生活を送っていると周囲から見られるのが嫌だからというもの。普通の生活を送っていける状態にあるのにもかかわらず、なおも施策を受け続けることに戸惑いがあるのだ。菱崎さんが抱いたのと同じ戸惑いだ。

斎藤さん自身、両親とともに施策をみずから返上した生活を送っている。家族全員が返上しているのはきわめて珍《めずら》しいケースである。家族の中では誰も解放同盟、全解連、いずれの運動団体にも所属していない。斎藤さんは地区内の保育所にも行かなかった。奨学金、就学奨励費など経済的なものもいっさいもらわなかったし、同和地区の小中学生を対象にした「センター学習」（補習授業）にも足を運ぶことはなかった。就職する年齢になると、市職員に推薦してもらおうと運動団体に入る知人も周囲にはいたがそんな気もなかった。今は民間の福祉関係の職場で働いている。これまでに受けた施策といえば、改良住宅に入居したくらいだと言う。

近所の人がかつて、同和施策の利用を拒否する母親にこんなことを何度も言っていたのを斎藤さんは覚えている。

「カッコつけんで、もらえるものはもらっといたらええ」

そんなとき母親は、きまってこう答えていた。

「カッコつけているわけではない。収入もちゃんとあるし、施策を受ける必要がないから受けないだけだ」

地区から出て行ったあとならともかく、周囲住民の大半が当然のように施策を利用している中で、一人だけ施策を断り続けるのはきわめて困難なことだったろうと想像される。

少なくとも現在、経済的な面での施策を必要としている人はほとんどいないと、斎藤さんの目にも映る。にもかかわらず多くの人が施策から離れられないのはなぜか。

「同和施策を活用しているという意識ではなくて、こういう制度が従来からあるので、ただそれを利用し続けているだけなのではないですか」

自分を含め今の地区の住民はもはやかつて差別に苦しめられてきた人が中心ではない。結婚の相手もほとんどが地区外の人だ。差別があるからこういう制度も必要だと思って受けているわけではない、と言う。

「施策がある限り、同和地区の人は得しているという周辺に住む人の悪《あく》感情はなくならないだろうし、地区内の状況も変わらないのではないですか」

それでも斎藤さんはこのまちを離れる気持ちはもっていない。下町の人情味が残っていて人と人のつながりも深い。できればずっと住み続けたいと思っている。

縮小してあたりまえ

部落問題をはじめとする「差別問題」についてマスコミでも発言を続けている灘本昌久さん（京都産業大学教員）は、学生時代から部落解放運動ともかかわりをもってきている。灘本さんは今日の運動の現状についてみずからの体験を振り返りながら次のように話す。

一九七六年の解放同盟の一斉《いっせい》行動のとき、京都の幹部の一人にこう言われたのをはっきりと覚えている。

「物が欲しいから、貧乏だから同和事業を要求するのではなく、部落差別をなくすための基礎として必要なのだ。物が取れて運動が終わるのではなく、そこからが部落差別をなくす本当のたたかいなのだ」

しかし現状は「物取り」で終わってしまっているではないか。事業が差別をなくすための下準備であったのなら、一定の生活レベルに達した今日、縮小してあたりまえのはずなのに、運動団体は地区の低位《ていい》性をことさら強調して、一度握《にぎ》ったものは絶対放そうとしない。

「おいしい話を享受《きょうじゅ》し続けるために部落民をひとくくりにマイナスの存在に描き上げようとするなら、差別を商う行為と言わねばならない。京都の運動や同和事業のありようにも、そういう問題が多分にある」と灘本さんは批判する。

同時に、一定レベルの生活をしている地区住民にとって、正常な金銭感覚、社会常識をもっていたら、現在のような過剰《かじょう》な「優遇政策」「保護政策」は、かえって生きる上で精神的重荷になると指摘する。菱崎さんや斎藤さんの思いに重なる。

京都市の同和行政については、共産党や全解連などが一貫して批判し続けている。もうすでに特別対策としての同和対策事業の役割は終わったとし、同和行政そのものの終結、一般行政への移行を主張する。

一方、解放同盟内でも現行政に対する疑問、批判が出はじめている。一九九三年二月、同盟京都市協などが中心になって開催された研究集会では、分科会の講師から「部落の全般的貧困を基盤として行われてきた個人施策は、その事業の性格からいって、一般事業に移行すべきであり、同和事業としては原則的に全廃すべし」という趣《しゅ》旨《し》の提起がなされている。

あまりの不公正な現状にたまりかね、市議会でも一九八七年一二月、九二年三月、それぞれ「見直し」決議を最大与党である自民党も含む賛成多数で採択している。また市当局もこれまでに数回「訓令《くんれい》」「通達」の形で「見直し」を言明している。現状が逸脱《いつだつ》した状態にあることは関係者の共通認識になっていることは確かなのである。だが、決定通りの見直し作業がこれまで進められているとは言い難《がた》い。

京都市は一九九三年七月、施策の見直しや所得制限の導入などを盛り込んだ今後の同和事業の方針を発表したが、過去の「実績」から考えて与党の自民党からもその方針通りの実行にあまり期待をかけられていない。

「京都」という問題

全国的な同和行政が行われる出発点となった同和対策審議会答申が出された一九六五年当時、有効だった施策のほとんどは、地区内外の格差がおおむね解消された七〇年代後半以降、廃止されるはずのものだった。同和行政はあくまで格差是正《ぜせい》のための特別対策という性格があるからだ。過去の差別の「代償《だいしょう》」として打たれているものでもなければ、運動団体の「既得権《きとく》」でもないのだ。

ところが、京都市の同和行政についてわかりにくい現状がある。現在、京都の主要な部落解放運動団体には、解放同盟と全解連の二つがある。単純に図式化すると、同盟は与党で現同和行政を肯定し、拡充《かくじゅう》を主張する立場。全解連は、現状を「解同」言いなりの歪んだ同和行政と批判し、前述の通り同和行政そのものの終結を主張する立場である。その全解連に対して、解放同盟側は「われわれの運動には反対するが、個人施策にはちゃっかり手を出す」と批判する。つまり、「解同」言いなり、全国一歪んでいると批判する全解連の会員の多くも、積極的であれ消極的であれ、その「歪んだ」施策を享受しているからだ。

「残念ながらそう言われても仕方ない部分もある。今すぐ個人施策がなくなればパニックを起こす会員も出るかもしれない」

全解連京都市協の幹部の一人は認める。神戸や大津のように全解連が組織的に施策を返上していこうという運動は本格化していないし、市から全国行動、研修などの名目で運動団体に流れる年間約六〇〇〇万円の補助金の一部（約二〇〇〇万円）は、全解連にも入っている。

これについて全解連京都府連の唐木安義書記長は、「全解連といえども一民間運動団体にすぎないのだから、市から特権的な扱いを受けるのは良くない。当然是正していかなくてはならない。同時に全解連の文化やスポーツ活動についての公的な補助については、一般にも適用される制度となるよう行政に働きかけていきたい」と話している。

地区内外の格差が是正されてからこの十数年、京都の運動団体、とくに二一世紀に差別をもち越さないとうたい、同和事業の終結・一般行政への移行を主張する全解連が、部落問題の解決に向けてさまざまなたたかいをしてきていることは事実だ。「職免」（活動を理由に市職員が職場を離れること）を自主的に廃止したり、地区内施設の共同利用の運動や、西三条支部のように教育問題を中心にした地区内外共通の要求にもとづく運動など、前進面はある。運動団体の推薦で市職員（清掃局などの現業職）に採用される、いわゆる選考採用問題についても、対象を中高年齢層に限定し、「公開・公募」で行うことなどを求める見直し案を最近発表した。これまで行政と解放同盟などとの癒着《ゆちゃく》ぶりを何度となく明るみにしていったのもその力の大きさの表れだろう。だがそういった努力にもかかわらず、市民的な支持が得られようもない施策や制度にいまだ依存している現実は否定できない。

住民の「自立」への意思を削《そ》ぐ「手厚い」施策がなぜ今も継続されているのか。行政のあり方を問うと同時に、行政にそうさせている背景にある事情について、市民的な論議が必要だと思う。

Ⅱ　逆行――同和行政の常識と非常識

大阪市の同和保育所で「園児差別事件」が起こっている。園児を差別したのは大阪市である。ところがこの件を報道する共産党の『赤旗』を読んで（他の新聞は報道せず）、奇妙な錯覚《さっかく》にとらわれた。『赤旗』（一九九四年五月一二、一四、一八日付）による と事件のあらましは以下の通りだ。

同市では解放同盟が認知した市同和事業促進協議会（市同促）を通してしか同和施策を受けられない。いわゆる「窓口一本化」が続けられている。しかし全解連による裁判所での訴えの結果、大阪市側と全解連側との間で和解協定が成立、近年では市同促を窓口にしなくても受給できるようになってきていた。

ところが大阪市は今年度（一九九四年度）になって突然、その和解協定を反故《ほご》にしてきた。市の同和施策の中には同和保育所に通う園児へのスモック（遊び着）や体操シャツなどの支給事業もあるが、浪速区内の同和保育所に通う全解連会員の六人の子どもへの支給を大阪市が拒否したのだ。そのため、五月一一日には園の行事「親子遠足」が行われたが、その園児たちはみんなとは違う服を着て参加せざるを得なかった。ただしそのうちの一人だけは「他の子と同じ服装でないと嫌」と言って昨年支給されたスモックを着て行ったという。他ならぬ行政自身の手によって子どもの世界に「差別」を持ち込んでいるのだ。『赤旗』には「親子遠足」当日の写真も掲載され、一人だけ違う服を着たあどけない園児の表情が、読者の怒りを誘っている。

当然のことながら全解連や共産党はこれに反発し、「すべての市民にひとしく施策を及ぼすのは行政の責務」だと支給を市に要求している。しかし当初、「子どもを預かる立場から支給したい思いはあるが、関係先と調整がつかない」「解決のために努力する」などと言っていた市だが、その後、窓口の市同促を通さない限り支給できないという見解を表明している。

大阪市のやり方を批判する声に賛成し、「窓口一本化」自体、歪んだ制度に違いない、と感じるのが常識的な感覚だろう。だが、よく考えてみると、そもそも同和対策の名のもとに、保育園児に（親の所得に関係なく）スモックなどを支給する施策が今日、必要なことなのか。「全解連の子どもにもスモックを支給せよ」という声が、市民的な声として広がるとは思えない。記事を読み、行政に不信感をもつ読者の多くは、その一方で「そんな金があるのなら市全体の保育行政に金をかけろ」と感じるのではないだろうか。ましてスモックや体操シャツだけでなく、同和保育所の場合、保育料が減額（一般の約一〇分の一）され、保育条件自体が他の公立保育所との間に格差があることを知れば、なおさらのことだ。

こういった指摘は、今回の「園児差別事件」とは次元を異にする問題であることは承知しているし、大阪市の同和行政の進め方を弁護したいわけでもない。また、和解協定にまでこぎつけた運動側の努力とその意義を軽視するわけでもない。しかし、一方では同和事業を終結させ一般行政に移行せよと主張しながら、他方では施策は今後も続けられることを是認《ぜにん》するかのように「支給せよ」と要求する姿に、戸惑いを感じざるを得ない。

それから二ヵ月後、この「園児差別事件」は大阪市側が全解連会員の子どもたちにスモックなどを支給することで決着する。七月一三日夜、大阪市の担当者二人が支給を拒否されていた子ども宅を訪れ、「遅くなりました。ご迷惑をおかけしました」と支給品を手渡したという(『赤旗』一九九四年七月一四日付)。「市民的な声として広がるとは思えない」という私の見通しは杞憂《きゆう》に終わった。この二ヵ月の間、多くの団体が抗議の声をあげ、市議会はもちろん、国会でも共産党議員が質問で取り上げ、大阪市の不当性を追及していったのである。私の言う「戸惑い」よりも、子どもの心を傷つける行政の無神経、裁判所での和解協定までも踏みにじって「窓口一本化」を強めようとする行政の非民主性に対する怒りの声が大きく広がった。

事件が解決したことは、大阪市の同和行政がただされる方向に結びつくという意味からも喜ばしいことだと思う。しかし、それでもなお、「戸惑い」はやはり拭《ぬぐ》えない。むしろ大きくなるばかりだ。と言うのは、市職員が支給のために子ども宅を訪れた記事を読んで初めて知ったのだが、支給されたのはスモックだけではなかったのである。報道によると、この夜市職員が持ってきたのは、スモック(遊び着)、かばん、パジャマなどまであった。こういう支給事業があること自体への「戸惑い」である。同時に、支給されたあとの全解連大阪府連・矢頭正明書記長のコメントにも割り切れないものを感じる。

「とりあえず支給されたことは評価します。しかし、来年も支給されるとは限らず、

他の問題も山積しています。ひきつづき、大阪市の『解同』いいなりの差別行政とたたかう」(『赤旗』七月一四日付)

この先も、同和対策事業にもとづくこの施策を要求していくことになるのだろうか。

例をみない京都市の同和行政

同和対策事業は永久に続けられるべきものではない。格差是正の課題がクリアされれば、終了すべき性格の特別措置である。当然の前提であったはずのことを、京都だけの実情をみていると、つい忘れがちになってしまう。

自民党の二之湯智・京都市議(現参議院議員)は北九州市の同和行政を視察した際に、先方の同和事業担当者にいろいろ質問したが話が嚙《か》み合わず、京都市の異常ぶりを痛感したという話をしている(『えとす』一九九三年三月号)。二之湯市議ばかりではない。私自身、神戸市、大津市の同和行政について、市の担当者などから話を聞いているとき、似たような思いを何度か味わった。

個人給付・貸与事業には所得制限があることを先方は当然のこととして説明していることに気づかず、話の内容が理解できなかったり、逆に、運動団体の推薦による市職員の選考採用や「職免」（活動を理由に通常業務を免除できる）のことを尋ねても怪《け》訝《げん》な顔をされるばかりだったり……。

現在の京都市の同和行政は全国最悪であるとしばしば指摘される。それは全国の流れに逆行して同和関連予算が膨らんでいるということもあるが、問題は、予算の大きさだけではなく、行政の実態にある。同和行政の終結へ向けて、先進的に見直しを進めている神戸、大津の具体的な実情と比較すると、京都の抱える問題の深刻さがいっそう浮かび上がってくる。

ある家賃適正化の取り組み

「こんなことが本当にできるんですか」

応対した総務庁同和対策室長はそう声を上げて驚いていたという。一九八五年四月、神戸市同和対策室長だった津村宣哲さんが総務庁同和対策室を訪れ、改良住宅の家賃を今後七年かけて適正化（大幅値上げ）していく方針を伝えたときのことだ。改良住宅の家賃適正化は当時、それほど全国的にも珍しかった。

津村さんは一九七三年に市同対室課長、八一年から八九年まで市同対室長を務めている。神戸の同和対策事業の初期から抜本的な見直しが行われる時期まで、もっとも間近で同和行政にかかわってきた一人だ。

事業、とくに改良住宅の建設など環境整備によって、同和地区住民の生活と意識が大きく変わっていく姿を、津村さんは目の当たりにすることができたが、それはせいぜい七〇年代後半までのことだったという。同和地区の周辺地域との格差是正の課題は、その頃でほとんど解決していた。

神戸でも八〇年代はじめまで京都同様、所得に関係なくただ「部落民」という理由で「ゆりかごから墓場まで」と揶揄《やゆ》されるような個人施策が実施されていた。住民の中にもそれがあたりまえのこととして定着していた。

津村さんが室長になった八〇年代頃から、直接間接に同和行政に対する市民の不信の声を耳にするようになっていた。タクシーで改良住宅の前を通ると、暮らしぶりは自分たちとは変わらないのにここの家賃がいかに不当に安いかとぼやく運転手に乗り合わすのは珍しくなかった。当時の家賃は極端な場合、一般の公営住宅の一〇分の一にまでなっていた。他の施策についても同様だった。事業を進めれば進めるほど、同和問題への市民的理解が得られない事態になっていることを感じないわけにはいかなかった。

一九八二年一一月、神戸市は市会議員、運動団体、同和地区自治会、専門家からなる改良住宅家賃適正化検討委員会を設置、見直しに向けての検討を始める。たとえば現行三六〇〇円の住宅の場合、一年おきに三一〇〇円ずつ引き上げ、七年後に一万六〇〇〇円にするというもの。ただし低所得者には特別の配慮が行われる。委員会設置は家賃の見直しだけにとどまらず、同和行政全体を見直す出発点になった。

だが、地区住民の反発は猛烈《もうれつ》だった。

「これまで差別されてきたのだから家賃が安いのはあたりまえだ」

「われわれが協力しなかったらこの住宅は建てられなかった。家賃はただでもいいくらいだ」……。

市とともに適正化の運動に取り組んでいた全解連神戸市協議会への風当たりは行政以上にきつかった。一時、組織は地区で完全に孤立してしまった。

同和行政は過去の差別の「代償」として行われているものでも、運動の「既得権」でもない。格差是正のために特別に行われているものであり、格差が解消されれば打ち切るべきものだ。基本的な格差が解消されているのに従来の行政を続けている限り、同和問題に関する市民の理解は得られない。二年間、津村さんはじめ行政の担当者と運動団体は住民との対話を続け、少しずつ賛同を広げていった。

「行政は面倒なことを避けたがるもの」と津村さんは振り返る。しかしその「面倒」を長年サボった結果、施策は市民の合意を得られないものになってしまったし、地区住民の生活も行政に依存するのが当然のような状況をつくってしまった。そんな状況を見直すことができたのは住民や運動団体が行政を信頼したからだが、もう一つ、行政内部に信頼関係があったからだと言う。

「トップ（市長）がどれだけ責任をもって取り組む決意があるかが決め手だった。それがないとこんなことはできなかったと思う」

さらに、神戸で見直しを進めるうえで大きな役割を果たしたのは、市長の諮問《しもん》機関「神戸市同和対策協議会」だったと言う。地元団体（全解連、解放同盟など）、学識経験者、市議、市の関係部局長、それに市民ら四四人で構成。一九七二年の設立以来、行政の節目には調査にもとづく政策提言を行ってきた。

同和対策事業のあり方を、一部の団体と行政とのやりとりで決めるのではなく、絶えず、広範な立場からの論議を経て求めていくシステムが機能していた。市民的常識から受け入れられなくなった施策は、当然見直しの対象にされ、軌道修正していくことができた、という。

全解連の決断——神戸

神戸の同和行政解消への推移をみていくと、行政担当者以上に注目させられるのが、運動団体、すなわち全解連の姿勢である。とりわけ家賃適正化運動では、一時期とはいえ「地区」の中で、「裏切り者」「行政の手先」と時には罵《ののし》られた。その一方で「値上げ反対」を掲《かか》げる解放同盟が大きく力を伸ばし、全解連が地域から完全に孤立した時期もあった。全解連内部からも「家賃は行政と住民が決めるものだ。全解連がかかわることはないのではないか」「行政の片棒を担《かつ》ぐことはない」などといった意見が噴出した。それでも市協幹部は、家賃適正化は住民の自立性を高め、部落差別解消につながることを強調した。粘り強く住民の説得に回ったという。

それだけではない。これ以降全解連は、続けられていた数々の同和対策事業の縮小、段階的廃止を主張し、実現していく。同時に行政から委託事業費として受け取っていた「補助金」も段階的に返上していくとともに、税金の特別減免《げんめん》廃止も主張する。みずからに与えられていた特権をみずからの手で葬《ほうむ》っていったのである。

「われわれはそれまでも自立と融合を主張してきた。しかしそれは『解同』と同じように行政に依存しながらだった。確かに『解同』のように暴力的な『確認・糾弾』はしないし利権あさりもない。だが同和事業の範囲内でしか運動をしないという点では、『解同』と同じレールの上を右と左に分かれて走っているだけだったのではないか」

全解連神戸市協議長表野賀弘《ひょうのよしひろ》さんの自己分析は痛烈だ。

全解連神戸市協では今、地区内外の住民とともに教育、中高齢者の就労保障、特別養護老人ホームの建設、まちづくりなど、地域と共通する課題に取り組む運動を始めている。住民に自立の選択を迫り、促進したことで、こういった活動も可能になったのである。

取り残された京都市

次ページの表は京都市と神戸市、大津市の同和施策の比較である。「不公正」ということでしばしば問題にされる項目を抜き出してみた。その差は歴然だ。確かに「同和漬け」と揶揄される多様な施策は、京都だけのものではなかった。しかしそれは一五年ほど前から是正されていく。大津ではすでに同和事業の見直しと一般施策の底上げをはかり、市の同和対策課も廃止されている。神戸の残されている施策も、所得制限、属地主義（同和地区に住んでいる者を施策の対象とする）が貫《つらぬ》かれている。

京都の同和行政の問題を取材する中で、こんな声をよく耳にしてきた。行政からは「地区の子どもの格差が完全になくなるまでセンター学習（教師による出張補習授業）など今の同和教育は続けていく」（市教育委員会）、運動団体や地区住民からは「選考採用を止めれば組織が維持できない」「施策は今ではあたりまえのように生活の一部になっている。別に不正をしてカネをもらっているわけではないし」……。

「同じレールを走っていた」という全解連神戸市協の表野さんのひそみにならえば、

京都市・神戸市・大津市の主な同和関連施策の比較

	京　　都	神　　戸	大　　津
保育料減額	89年度から１世帯800円を５千円（個人料金制）に改正。	一般基準額の30％減額を82年度以降、段階的縮小、94年度より減額ゼロ。	一般基準額の35％減額を81年度以降、段階的縮小、90年度から減額ゼロ。
小学校入学支度金	５万７千円。所得制限なし。	２万２千円。所得制限あり。	６千円。81年度廃止。
職業補助事業（運転免許取得）	入所料、教習料、教本代、検定料全ての実額。	５万円。但し高校卒業以下の学歴で世帯主に限る。所得制限あり。公務員、大企業常雇者は不可。	実額。81年度廃止。

神戸・大津にはない主な京都市施策・制度

選考採用、職免（但し全解連は返上）、小中学校の特別就学奨励費、予備校奨学金、地区内施設の利用制限（地区外住民の使用不可）、運動団体へ資金援助（91年度約６千万円）。

京都市の同和行政はさながら「暴走列車」というイメージだ。運転しているのは行政と運動団体。乗客は住民。日本でもっとも早く出発した「列車」は降車駅を通過したというのに、ブレーキが壊れたかのようにスピードを落とすことなく走り続ける。沿線の住民は警笛《けいてき》を鳴らすが「列車」には届かない。乗客も危険を感じながらも降りるに降りられない。そして間もなくレール（同和対策の特別立法）はなくなってしまう——。

だが、京都の実情は全国共通のものでもないし、永遠に続けられるものでもない。

全解連神戸市協の森元憲昭書記長は、人間だから目の前に施策があればそれを利用してしまうのはあたりまえだ、と言う。しかしそのうえで「孫《まご》の代に差別を残さないためにも自立する必要があるんだと訴えれば、時間はかかるかもしれないがたいていの人はわかってくれる。部落問題が解決するのなら組織が崩壊《ほうかい》する危機を迎えてもいいではないか」。

住民から、昔はいろんな施策があって良かったという声は聞かれないという。

解放同盟大津市協ではこう明言している。

「法期限をもって全ての同和対策事業を廃止し、……同和地区あるいは同和地区住民だけを対象とする同和行政を一切講じるべきではない。残された課題の解消は、地区の側に多少の不利益があったとしても、一般行政に求めるべきだ」(一九八九年度運動方針)

もとより、地域ごとに独自性があり、神戸、大津のやり方をそのまま京都と単純に比較できないだろう。また両市の行政に問題点が何もないというわけでもないだろう。しかし少なくとも、一方は一五年近く前から抜本的是正をはじめ、もう一方は数十年来のスタイルを変えようとしないでいる姿勢の違いを比較するとき、京都市の突出ぶり、無点検ぶりを痛感させられるのである。

Ⅲ　特権——輝きを取りもどすとき

実態の変化、また全国の流れに関係なく、数十年の施策を延々と続ける。年間数千万円単位の補助金を運動団体に出し続け、そのうえ人事権も事実上ゆだねる。その結果、市職員による発砲、暴行、詐欺、覚せい剤使用など、不祥事が続発しても、世間に対して抜本的な改革の意欲すらも示すことができない——京都市の同和行政のこんな実態の一端にふれ、取材しながら私自身が驚きの連続だった。そのほとんどが初めて知ることばかりで、にわかに信じられないことも少なくなかった。しかし、それらの事実以上に信じ難かったのが京都市側の姿勢だった。市民局同和対策室も市教育委員会指導部企画調整課も、現行の同和行政・教育には不十分な面はあったとしても間違った方向に向かっているという認識は一片《いっぺん》も口にしなかった。しかし実際には市長最大与党の自民党からも批判が出ているし、「われわれにとってマイナスのことは全て差別の結果だとする考えは、ごく一部を除いて現実と一致しない」と指摘する解放同盟員も少なくない。

一九九三年八月に京都市長選挙が行われた。これまでその実態が深刻な割には、同和問題はさほど市長選挙の争点にはなっていなかった。政党の枠組み、京都市職労の組織内部の事情などもあって、共産党などの革新勢力も十分問題にしてきたとは言えない状況だった。ところが九三年の選挙では、ほとんど初めて、革新候補陣営がこれを前面に押し立てて選挙戦に挑んだ。「同和漬け」「施策によって堕落《だらく》させられている」「不公正乱脈」——現状をそう批判する。私も取材を通した実感からその意見に賛成することができるし、市長が替わらなければ現状を打開するのはほとんど不可能だとも思う。

割り切れない感情

京都市長選挙が告示された日、伏見区内の「同和地区」で取材していると、全解連の真っ黒い宣伝カーに出会った。

「全国でも突出して歪んだ京都市の同和行政を勇気をもってただそう」

宣伝カーはそう呼びかけていた。革新陣営の「民主市政の会」は、法定ビラで「全国の見直し・終結の流れに逆行」と京都市の同和行政を批判し、保育料など個人施策の見直しを公約している。

ところで、その施策を現実に受けている側、同和地区住民は自分たちのことを、本当はどう思っているのだろうか。「民主市政の会」には全解連も参加しているが、全解連会員の中にも「施策漬け」という状況にさらされている人も多いのだ。

「書いてあることは正しいことだし、ぜひ実現しなければならない。でも自分でビラをまいていてふと感情的に割り切れないと思うことは、正直言ってある」

三〇年以上前、中学卒業と同時に解放運動に参加し今も全解連竹田深草支部（京都市伏見区）の役員を務めている野口貢さん（四六歳）はそう言う。この選挙で施策だけが問題にされることにも何となく抵抗を感じている。

野口さんはこの三〇年の運動の結果、地区の環境改善は進み、差別の現状もかつてとは雲泥の差だと言うが、同時に一人ひとりの運動や施策に対する意識も変わってしまったと振り返る。

運動団体の推薦で一般公募とは別に市職員に採用される、選考採用制度の受け止め方の変化がその典型だと言う。

「当初は市職員になれることを喜んだ。学歴のロクにない住民が安定した仕事に就《つ》け、退職金や年金ももらえるんだから。初めは給料は安いが将来が楽しみだとみんな思ったもんだった。それが今では……」

「同和対策」として選考採用を行ったこと自体の当否はともかく、それは経済的、心理的両面で部落問題の解決に役立った時期のことだった。今はその頃と比べ住民の受け止め方は大きく変わっている。行くところがなかったら団体に頼んで市職員にしてもらえばいいと本気で考えている親や子どもたちもいるのだ。

「竹田の子守唄」の里で

解放同盟竹田深草支部は一九六二年三月、青年を中心とした二四人で結成されたが、二年前からその準備は始められていた。中心を担《にな》った青年たちは「アカみたいなことをするな」「寝た子を起こすな」などと周囲の大人たちから攻撃を受けたが、全国的に取り組まれた教科書無償《むしよう》を求める運動などを通して次第に地域に根を下ろしていった。

「俺たちは欲で教科書をタダにしろと言っているのではない。義務教育費の無償は憲法で保障されている権利だ」

そう言って青年たちは地域を一軒一軒回って署名を集めていった。教科書無償化運動は伏見においては教職員組合や失対労働者の組合、全日自労などと手を組んだ取り組みだった。全日自労には大勢の部落住民が加わっていた。

全日自労で運動にかかわった外尾英範さん（六七歳）は当時のことを次のように振り返る。

「運動の中心になった青年の親もぎょうさんわしらの組合におった。彼らの何人かはとくに労働者意識もなく、難儀《なんぎ》なことばかりを言うてくる人やったが、息子たちの姿を見て次第に変わっていったな。まず親が変わりそれから地域全体が変わっていった」

この運動は後に教科書無償措置法として実を結んでいった。部落解放運動は憲法を暮らしの中に生かす運動であり、この国全体の民主主義をめざす運動に合流していたのだ。

話はそれるが、読者のみなさんは「竹田の子守唄」という伝承歌をご存じだろうか。この竹田の部落で生まれた歌である。地元でも埋《う》もれていたこの歌を再生させたのが、創立間もない支部の文化活動であった。一九六〇〜七〇年代の解放運動の充実ぶりを示すエピソードである。「竹田の子守唄」はその後、人気フォークグループによって全国的に知られるようになった。今日でも若者に人気のロックバンドがカバーしている。

解放運動の輝きは

一九二二年、京都・岡崎で結成された全国水平社は、部落住民にとって戦後の解放運動以上の衝撃であり、輝きを放っていた。

「私の母方の祖父は水平社の創立当初自分の部落に水平社運動を興し、短い期間運動に参加していたが、その祖父が水平社の演説会に出かけるときは、あまりのうれしさにピョンピョンと半分宙を飛ぶように小躍りして歩き、文字どおり足が地に着かない風情《ふぜい》であったという。私の知っている祖父は、威厳《いげん》に満ちて喜怒哀楽《きどあいらく》を外に出さない人だったので、その祖父の体から天にも昇るような快感があふれていたと聞くと、ちょっとばかり苦笑を禁じ得ないが、水平社運動というものはよくよく参加者の心を引きつけてやまない魅力があったのだろう」(『思想の科学』一九九二年一月号)

このエピソードを紹介する灘本昌久さん(京都産業大学教員)は、この三〇年間で同和地区の状況が格段に変化したにもかかわらず、相変わらず行政に同和施策を要求し続けることを最重要課題にしている運動団体にはとても魅力を感じられない、と批判している。

「人にあなどりを受けない程度の生活レベルに達している人にとっては、要求闘争中心の現在の部落解放運動は、あまりにも物欲しげで貧乏臭い『闘い』だろう。……とりわけ、行政闘争の展開にもっとも功績のあった部落解放同盟がいまだに部落の低位性の強調で同和施策のさらなる継続、獲得に力点を置いていることはなげかわしく、『同対審しがみつき路線』と命名するしかない」(前掲)

「同対審しがみつき路線」。同対審とは同和対策審議会答申のことで、一九六五年に出され現在の同和行政の出発点となった答申である。灘本さんの批判の矛先《ほこさき》はおもに解放同盟に向けられているが、一方の全解連のほうはどうだろうか。解放同盟のような「確認・糾弾会《きゅうだん》」はしないし、何よりも組織として同和行政の見直し・終結を掲げており、解放同盟とは対極の立場にある。しかし解放同盟による行政私物化に対する住民の不信は深いが、全解連も程度の差こそあれやっていることは同じではないかという批判も、少なくとも京都市内では厳然《げんぜん》と存在する。

「たしかに住民の運動団体への不信は全解連に向けられることもある」

解放同盟竹田深草支部の創立メンバーの一人で、現在も全解連竹田深草支部役員の川部昇さんは話す。

「行政は何の点検もなく従来の施策を続け、現状に合おうが合うまいがカネを出してきている。こちらもいわゆる同和漬けに慣らされてしまい、住民も組織も骨抜きにされてしまっている現状は否定できない」

川部さんは、地域内に限定される要求を掲げていればいいという運動の時代はもはや過ぎた、同和事業の枠内にとどまる要求を繰り返すこれまでの運動から、かつてのように地域内外の共通する重要課題に幅広く取り組む運動に転換すべきだと強調している。

活動を通して変わる若者も

全解連竹田深草支部の青年部は現在約六〇人。市内だけでなく全国的に見ても有数の青年部である。地区青年に対する支部の「吸引力」の強さの多くは、「選考採用」の魅力に負っていることは否定できないだろう。選考採用に推薦してもらいたいという動機で、あるいは市職員に推薦してもらった「義理」からしぶしぶ活動に参加してくる人もいるが、活動を通して積極的になっていく若者も多いという。

最近、青年部が始めた一つの活動が地区住民を驚かせている。

月一回、地域内を清掃する。あまりにも汚れている、たばこや空き缶を平気で捨てる人も多い。月一回ではきれいにはならないにしても、自分たちが清掃をしている姿を見れば大人たちのマナーも少しは変わるのではないか、と青年部のメンバーで考えた。

ところが掃除に対して周囲の住民からかけられた声は次のようなものだった。

「市からなんぼもらってやってんねん」

「そんなん業者にやらせておけばええ」……。

青年部が始めた活動は一見ほんのささいなことのようだが、今の施策が住民の意識にどのような影響をもたらしているか、ある面を浮かび上がらせた。

「自分の住んでいるところを協力してきれいにしたいということは、一般の地域ではあたりまえのことですよね。それがびっくりされる。これも『同和施策』の名のもとに日常の細かなことまで他人に任せた生活をしている結果なのかもしれない」

青年部の市川浩さん（三〇歳）の感想である。

市川さん、あるいは他の青年部の何人かに聞いても、これまでに明確な部落差別に自分が出会ったことはない、同世代の者はほとんどがそんな経験はないのではないか、と言う。過去に強烈な差別体験をもつ年代の人なら「過去の代償」として今の同和施策を自分の気持ちの中で無理やり納得させることができるかもしれない。しかし市川さんたち若い世代はどうなのか。

小学・中学と成績には関係なく教師が自分たちだけにつきっきりになって教えてくれた。学校が終わればセンター学習だといって先生が地域までやってきてくれたし、家庭訪問もたびたび受けた。文房具や体操服、運動靴、メガネまでも頼みもしないのに学校が支給してくれた。

当時、自分たちだけがなぜそういう特別扱いを受けたかわからなかった。今でもやはりわからない。唯一の理由らしきものは、自分たちが「部落民」と規定されていること。ではなぜ「部落民」は特別扱いを受けるのか。「部落民」はみんな成績が悪かったのか、鉛筆も買えないほど貧乏だったのか。

正義が通るまちに

地区の環境や住民の暮らしが大きく変わった今日においてもなお、「同和対策」の名のもとに施策を受け続けることについて、戸惑い、あるいは「後ろめたさ」を感じている住民は少なくない。たとえば、職場で家賃のことが話題になる。お互い自分の借りている家の家賃の額を言い合う。「高いなあ。何とかならんかなあ」という方向に話題は進む。そんなとき、改良住宅に住むその人は恥ずかしくて「月五〇〇〇円」と言えず、家賃一年分たして「私の家賃は六万円」と言ってごまかした……。地区での取材を通して、この種の「笑い話」にしばしば出会った。

「別に人のカネを盗むわけではない。くれるというのだからもらったらいいのではないか。そう言う人もいる」

市川さんは言う。

「でもそれは地域内でしか通用しない理屈《りくつ》ですね。同和行政の終結をという僕らの主張は、若い人ほど共感してくれる」

市川さんは京都市清掃局に勤める市職員。実は彼自身「選考採用組」だ。その彼が、選考採用を含めて今の同和施策・制度をやめろとはなかなか大声では言えないという。だが同和教育の弊害など、自分たち若い世代が積極的に発言して変えていけることもあると思っている。

一九九三年の市長選では、初めて同和行政を大きな争点に掲げて全解連も革新の井上吉郎候補の勝利に向けて駆け回った。

「井上さんが市長になれば同和行政は大きく変わり、僕たちが今まで受けている『甘い』部分も失うことになるでしょう。それを承知の上で僕らは活動している。失う方向に動いていかなくては僕らの運動の未来もないと思っていたからです」

こうした、言わば行政から押し付けられた「部落民」のレッテルをみずからの手で剥《は》がしていく姿は、大勢の市民の共感を得るだろう。そして若者らしい感性・正義感が大きな市民的な声になり現状を変える力にまでなってほしいと願う。

Ⅳ　逡巡——誰が「依存」を強制しているのか

同和行政の取材をしていると必然的に運動団体の役員に会うことが多くなる。何人かに会ううちに意外なことに気づく。同和地区から出て今は地区外に住んでいる役員が結構な割合でいることだ。出ていっているのは何も団体の幹部だけでなく、地区全体についてもいえることだ。とくに崇仁地区（京都市下京区）での人口減少は著しく、一九七〇年に約六三〇〇人いた人口は八四年に約三四〇〇人まで落ちこんでいる。

出ていく理由はいろいろある。結婚を機に親から独立しようと思っても、改良住宅に空きがない。子どもが大きくなって改良住宅ではとても狭くてやってられない。蓄えができマイホームを購入したい。もっとも都心部からの人口流出は何も同和地区に限ったことではないのだから、ことさら「意外」というのもおかしいかもしれない。ただこの人口流出は、やはり同和行政との関係でいびつな現象を引き起こしているのだ。

その料金の安さを理由に、「不公正な京都市の同和行政」のヤリ玉にまず挙げられるのが同和地区内の市立保育所だ。市内三五ヵ所のうち二二がいわゆる同和保育所なのである。保育料は最高でも月五〇〇〇円、二人預けても七五〇〇円にしかならない。へたをすると民間の保育所の一〇分の一ということにもなる。

同和保育所には同和地区住民の子しか入れないが、実際にはかなりの割合で地区外から入所してきている。同和地区から何らかの事情で出た人の子なら入所が認められるのだ。比較的少ない保育所でも約三割、多いところでは半分近くが地区外からの入所児で占められているという。安い保育料が遠くからでも入所させる大きな動機だ。

この春から地区外から伏見区の同和保育所に子どもを入所させることにした父親(四七歳)は言う。

「入れるのは生まれ育った地区の保育所はなじみが深いからという理由だ。安いからというより施策をステップにして頑張《がんば》って生活をしていければいいと思っている」

同和保育所を担当する京都市保育二課では「経過措置として元住民に対して一代限りで入所を認めている。目的は生活安定のため」と言う。「生活安定」というが、別に入所時に親の所得制限があるわけではない。まさに行政の施策によって「部落民」

をつくり出しているのだ。

施策返上へのためらい

「全解連なんかが施策は打ち切れと言っている。頭ではそれは正しいと理解できる、でも自分の生活になるとどうしても……」

寺崎宏子さん（二四歳）は自分の言っていることは矛盾しているなあと何度もこぼしながら話す。二人の子どもは保育所に預けて共働きをしている。同和保育所なので保育料は二人合わせても最高七五〇〇円にしかならない。夫婦とも市職員で収入は安定しているのだが、やはり施策を受けてしまう。

「なぜと聞かれても……。初めからこんな制度がなかったらなかったで、夫婦で頑張って通常の保育料を払うと思うけど……」

「自立」しようと思っても制度が目の前にあると利用してしまう。本当に生活に困っている人の話を聞くと悪いなあという気持ちになる。寺崎さんは自分の子どもを預けている同和保育所の料金を本当に申し訳なさそうに口にする。なぜ私たちにだけこんな施策があるのか、同和地区でできることだったらそのほかの地区でもやってほしい、と言う。

だが同和地区は施策が充実していると周りからみられるが、その中身は言われるほど内容があるものではないと、寺崎さんは感じている。たとえば改良住宅は確かに家賃は安いが、とても一家が永住できるような造り方になっていない。狭いし風呂もついていない。両隣の声は筒抜けで小声でしか話せないときもある。昔に建てられた住宅はもちろん、最近の改良住宅だって似たようなものだ。

「本当に自立をさせるつもりなら住宅でももっと計画的に造ってほしい」

この一年余り、私は多くの同和地区住民から話を聞いてきた。全解連会員、解放同盟員、そのどちらの運動団体にも所属していない人。その中で、私は同和施策を受けている人に会うとき、必ず繰り返す質問があった。

「あなたが、京都市の同和施策を今日も受けなければならない根拠はいったい何か」

施策自体が同和地区の現状からも市民的常識からもかけ離れたものがほとんどなのだから、質問に対する明確な答えはあり得ないとは思うものの、それが私の一番の疑問だった。

「もう二〇年以上続いているし、周囲もみんな受けている。とくに何か特別な施策を受けているという意識はないな」

「明日の生活に困っているわけでもない自分に施策を受ける理由がないのはわかっている。でも目の前に制度があるので、つい……」

また、こんな返答もよく聞かされた。

「運動の成果として制度ができたんだから利用して悪いことはないではないか。私たちはドロボーしているわけではない」

私が相手の話す理由の不合理な点をいちいち質問していくうちに、「そういう制度があるのだから仕方ないではないか。なぜあなたから自分の生活のことをとやかく言われないといけないのか」と語気強く反論されたこともあった。

もちろん現在の行政や同和地区住民の暮らしぶりに強い疑問を抱いている人もいる。先に紹介した京都市中京区の同和地区に住む斎藤京子さん（二七歳）は「施策を受けないのはカッコつけているわけではない。収入もちゃんとあるし受ける必要がないから受けないだけです」と親子二代にわたっていっさいの施策を拒否した生活を続けている。解放同盟員の中にも「地区は行政のサービスが必要以上に行われているところというイメージがあるが、そんなイメージに納得したくない」と言い、必然性のない施策はみずから返上していく運動を試みている人もいる。

依存の強制

京都市の同和行政の拡充を今も要求している解放同盟と市当局に、現状に対する認識を聞いてみた。今の同和行政が市民的合意を得ていると思うのか、今の施策を続ければ続けるだけ同和問題の解決にはマイナスの作用を及ぼすだけではないのか。

丹波淳一・解放同盟京都市協事務局長は、時代の変化にともない見直すべき施策・制度は確かに出てきているとは認めるものの、私の質問には次のように答える。

「社会観念の中に差別意識がないのならそういう疑問もあり得るだろう。だが現実には差別意識が充満しているではないか」

差別(註⑤)落書き事件は頻繁《ひんぱん》に起こる一方だし、結婚に関する問題も跡を絶たないのがその証拠である。かつてのように面と向かった差別は少なくなってきているが、人々の差別意識は陰湿《いんしつ》になっている。改良住宅の家賃が安いとよく言われるが、一般の市営住宅に比べて狭いし、部屋の造りも悪く、夫婦生活もままならないのが現状なのだ。同和対策事業によって住環境などは見違えるように立派になったが、それは外見だけだった――丹波事務局長はそう言う。

一方の京都市は、「今後における本市同和対策事業のあり方について（具体的内容）」を出し、改良住宅家賃の適正化や施策受給の所得制限などの検討をはじめている。

しかし、私の批判的な質問に対して、同和対策室では次のように反論する。

「市民の合意が得られていると思うかと言われるが、今の市民は同和問題に対して高い水準の理解を示していると言えるのか。厳しい差別の現実があるのに、地区住民への悪感情を抱かせるような主張や議論はおかしいのではないか」

そして、不公正な現状の是正を求める市議会決議については、強い語調で言い放つ。

「今が行き過ぎ、不公正な状態になっているとは思わない。事業はすべて条例や法律にもとづいてやっている。市議会でどのようなことが決められようと、尊重はしても絶対守らなければならないということでもない。被差別住民以外の市民から選ばれた議員よりも、市としては差別を受けるマイノリティの立場にたった行政を今後とも進めていくだけだ」

私のものの見方や感じ方が完璧であると言うつもりはない。しかしこの間、取材で接した住民の感覚と右の両者の感覚との間にはかなりの距離を感じないわけにはいかない。

行政が掘り続ける溝

全解連の支部役員を務める市川浩さんのところに一九九四年春、初めての赤ちゃんが生まれた。市川さんには前年八月の京都市長選挙の直前に取材して以来、これまでにも何度か話を聞かせてもらっている。

子どもが生まれてしばらく経った頃、市川さんの家を訪ねた。市川さん自身の今後の同和施策に対するかかわり方について、ぜひ聞いてみたいと思ったからだ。わが子を同和保育所に入所させることになるのかどうか。

「市長を替えて今の同和行政を根本から見直さないといけない。われわれ運動団体のこれまで得てきた『特権』が失われることになるかもしれないが、そうしないと今のままでは運動の未来はない」

市川さんは一九九三年の市長選のさなか、そう話していた。

夫婦とも公務員で共働き。隣接しているが、自宅はすでに改良住宅建設にともなう立ち退きで、地区外に引っ越している。だが「元住民」ということで京都市は同和保育所への入所を認めてくれるはずだ。そうなれば夫婦の所得に関係なく保育料は月五〇〇〇円ですませられる。

「同和保育所のほうが家から近いし便利だし……、正直言って迷ってます。本音と建前は違うということですね」

数万円の保育料は高い、払いたくないということは、おそらく誰しも思うことだ。だからといって普通、親が保育料を選択することはできるわけではない。しかし、自分たちにだけは「元住民」あるいは「旧身分」を理由にした選択権が与えられている。市川さんは今まで以上に行政の不公平ぶりを痛感している。

現在の京都市の同和行政についてはさまざまな批判がある。その不合理性により、部落問題の解決にとってまったくプラスの効果をあげていない。逆に多くの市民からの批判をかい、結果として「同和」「同和地区・住民」に対する新しいマイナスイメージを生み出している。と同時に施策に頼らずに生きていこうとする住民の意欲も削《そ》いでいる——等々。

しかし、市川さんの「逡巡《しゅんじゅん》」する姿をみていると、さらにそれ以上の弊害を感じないわけにはいかない。行政が部落（同和地区）と部落民（地区住民）の存在を固定化もしくは再生産する役割を果たしているということだ。住民の「自分たちは『部落民』だ」という意識を覚醒《かくせい》させ、「非部落（民）」との溝を掘り続けているようにもみえる。

「職免」の返上

一九九〇年二月、全解連京都市協は今後「職免」をいっさいやめることを決め、今日もそれを実行している。職免とは条例や人事委員会規則などによって自治体職員に保障されている「職務に専念する義務の免除」のこと。もちろんその間の給料がカットされることはない。

組合活動を理由に職免が認められていることはあるが、京都市の場合、地域の民間運動団体にすぎない解放運動団体に所属している市職員にも、「研修」を名目にこれを許している。運動団体の大会や集会をはじめ、国や自治体に対する要求交渉、市協や支部の定例会議、地域で行われる夏祭りの準備などといったときにも取られているのが現状だった。解放同盟に所属する市職員なら「確認・糾弾会」へも職免で参加できる。職免を取る場合、事前に運動団体を通して職免を希望する職員の名簿を当局に提出し、了解を得ることになっているが、必ずしもそれが実行されているわけではない。朝、職場に電話をかけ、「今日は職免で休む」と連絡するだけで、職免を取る目的や内容を説明しなくても認められるケースが珍しくなかった。

それぞれの職業をもつメンバーが参加する会議の時間をわざわざ平日の昼間に設定するのも理解しがたいが、そもそも一民間団体の活動がなぜ職免の対象になるのか、とうてい納得されるものではないだろう。町内会や個人の意思で入会した市民団体の活動に職免が認められるのか。みんな、どうしても必要な場合は年休を取って活動をしているのではないのか。なぜ部落解放運動団体にだけそんなことが許されるのか。「国民融合」「同和行政を終結させて一般行政への移行を」とうたう全解連が、京都市あるいは解放同盟の動きとは関係なくみずから「職免返上」を決めたのは当然のことといえる。当時の市協事務局長・唐木安義さんによると、全解連が職免を取るようになったのはおよそ二〇年前。解放同盟が職免を取り激しく活動する中、その対抗措置として全解連みずから市に要求して認めさせた。

「そうしないと同盟に押されて組織がもたないような状況だった」と言う。

それ以後、組織内では職免は常態化し、ひどいときは年間延べ二五〇〇〜二六〇〇件も取っていた時期もあった。

「われわれは特権団体ではない。職免を取って市民の支持が得られるはずがない。行政から独立した自前の運動をつくっていこう」

市協執行委員会でそういう提起がされたとき、「なんで自分たちだけやめないといけないのか」という声もあったが、論議を重ね最終的には圧倒的多数の賛成で「返上」が決まった。確かにこれは市民的な感覚からみるとあまりにも常識的な決定である。逆に、同和行政の終結を主張する組織がその時期まで職免を取っていたことに、首をかしげざるを得ない。だが、運動団体と住民がみずからの意思と努力で不公正な同和行政を是正する大きな一歩を踏み出したことには間違いない。

職免返上を決めた翌年度（一九九一年度）、決定通り全解連の職免はゼロ件だった。対する解放同盟は二二〇〇件に達している。

「返上」から五年。解放同盟側は今も変わらず職免を活用しているが、全解連のメンバーの中から職免を再要望する声は聞かれない。逆に返上後のほうが、組織も大きくなったし、夏祭りなど地域での行事も活発になっているという。

自立の決定は住民で

同和地区住民は、自分の意思とは無関係に「施策漬け」の生活（施策に頼り切った生活）をさせられている。行政が住民の自立を妨《さまた》げている……。現状の行政の批判の声としてよくこう指摘される。しかし、本当に住民は行政によってのみ自立を妨げられている、と言えるのだろうか。

何よりも、自立できるかどうかの決定権を一〇〇パーセント行政に委《ゆだ》ねているかのような問題の立て方に、私はひっかかりを覚える。自立しようと十分な努力を尽くしたにもかかわらず、結果として行政によって「施策漬けの生活」におとしめられているのか。目の前に施策を差し出されれば、思わず手を出したくなるという気持ちになるのは理解できる。だが、その一方で住民の中には施策から離れた生活をしている人が、少数ながらいる。彼らが地区の中でも特別な条件をもっている人だとは私には思えない。また、全解連がみずからの決断で「職免」をきっぱりと返上できたことを考えても、「〜させられている」などすべて受け身形ですませられるものではないと思う。いつまでもこういう行政が続けられるものではないにしても、とにかく今はそういうことは考えないでおこう。あるいは、続けられるうちはせいぜい利用しよう——住民や運動団体の中に、そういう心理が流れてはいないだろうか。

たとえば、部落問題研究所の山本敏貢さんが一九九四年三月の全解連京都市協主催の学習会に講師として呼ばれたとき、若い人を対象にした選考採用は検討の余地なく即刻やめてしまうべきだと提言したときの話だ。

「旧身分を前提とした特別枠の採用制度なんて旧身分を固定化するものでしかない。今の地区の若者の学力状況からすれば通常の公務員試験を受けるべきだ」と言う山本さんの発言は、中年の女性の参加者から「枠をなくすことなんて簡単にはできない」となかばあしらわれるように反発された、という。

選考採用をふくめ施策を一方的に返上してしまえば組織が揺らぐかもしれない。人それぞれに生活設計があり、あるいは多額のローンを抱えているかもしれない。しかしそんなことが今の行政、あるいは「施策漬け」の生活を容認する理由として、多くの人を納得させることはできないだろうし、何よりも部落問題の解決にとって、何のプラスにもならないだろう。

第二章　京都市役所の「逆差別」

註①部落産業

一般には、皮革関係、ビニール加工、食肉関係、廃品回収業などが代表例とされていた。成長産業には外部資本が流入してきているので、今日では業種だけで部落産業かどうか決めることはできない。

註②ねっとわーく京都

京都市職員労働組合が発行母体となり、市民向けの行政情報発信や住民運動などの交流のため刊行されている月刊誌。

I　採用——運動が「堕落」するとき

京都市清掃局勤務のA職員（五〇歳）と区役所に勤務するB職員（四六歳）の二人が一九九四年二月、恐喝未遂《きょうかつみすい》の疑いで逮捕された。この事件は各紙の社会面、地方面の片隅にベタ記事扱いで報じられたが、背景にはベタ記事にはおさまりきらない複雑なものがある。

逮捕された二人は、同僚の清掃局職員が二年前、山科区の整形外科医院でアルバイトしていたことを知り、その医院理事長をホテルのラウンジに呼び出し、二〇〇万円を脅《おど》し取ろうとした。

「公務員がアルバイトができないのは知っているやろ。（医院でアルバイトした同僚の職員が）懲戒免職《ちょうかいめんしょく》になりかけたのをもみ消すのに二〇〇万円使った。払わないと医院をつぶす」と。

ところが二人のうち清掃局勤務のA職員は、整形外科医院理事長を脅した翌月、別の恐喝容疑で再び逮捕された。この職員は医院理事長だけでなく、アルバイトで懲戒免職になりかかっていたという当の清掃局職員も脅していたことが明らかになったのだ。一九九二年三月、A職員はアルバイトをしていた同僚を山科区の自宅に呼び出し、二〇〇万円脅し取った。

「お前がアルバイトをしていたことで、俺は首にならないように苦労している。首になりたくなかったらカネを用意しろ」

この事件自体、部落問題とは無関係なはずである。ところが関係者から話を聞いてみると、京都市の歪んだ同和行政が市政全体に及ぼす弊害《へいがい》の一面を、如実《にょじつ》に語っているのである。

京都市は「就労促進」を目的とした同和事業の一つとして選考採用を取り入れている。地方公務員法では、職員を採用するにあたり、通常の試験（競争試験）とは別に、人事委員会が定める一定の職種（免許・資格職、特殊専門職、技能・労務職、特別選考職）は選考による採用ができると規定している。京都市はこれに準じ、一九六九年一一月に策定した「同和対策長期計画第一次試案」で「同和地区住民の市職員への採用を促進」することを方針化、技能・労務職（現業職）の選考採用を同和事業として行うことを位置づけている。もっともそれ以前から市会議員や市有力者の縁故《えんこ》による地区住民の採用は行われていたが、市の正式な同和施策として、選考採用を行い出した。

本書で問題にする選考採用の実態は、すべてこの同和の名のもとに行われている選考採用のことである。それはきわめて異常なスタイルをとっている。市が運動団体などに採用枠を示し、各団体の推薦《すいせん》があった応募者のみを採用するという方法なのである。もちろんその採否は市人事委員会で決められるが、「事実上運動団体が推薦すればフリーパス」（解放同盟、全解連両関係者）というのが本当のところだ。一民間団体が公務員の人事権を握っているのである。さらに京都市は一九八二年を最後に現業職の一般公募を停止している。つまり選考採用者で独占されるようになっている（一九九五年より市民の批判を受け一般公募を一部復活）。

なぜこの人物が採用されたのか

Ａ職員はこの選考採用制度で解放同盟推薦で市職員になった人物だった。しかも市職員に選考採用されるのは二度目なのである。彼は一〇年あまり前、薬物中毒による幻覚《げんかく》症状で自宅や周辺で刃物を持って暴れ逮捕されるという事件を起こし、市職員をいったんは退職していた。ところがその三年後に、再び選考採用で市職員になっていたのだ。

薬物中毒で暴れた職員が懲戒免職にならなかったのも不可解だが、その職員をわずか数年後に再雇用しているというのだ。常識では考えにくい人事だ。もちろん過去に過ちを犯した人物を公務員にしてはいけないということではない。しかし、同じ人物が同じ職場で再び社会的な問題を起こしたことを考えると、Ａ職員の再採用にあたって妥当な審査がなされていたのか、運動団体の推薦があれば市は採否に関して独自の権限をもてないのかと、疑問をもたざるを得ない。

市人事課ではこう説明する。

「過去に失敗を犯したとしても法律上の処罰が終わっていれば問題はない。現在の状況がどうかをメインに判断する」

また、運動団体から推薦されたからといって、まったくのフリーパスで市職員に採用するわけではなく、市が不適格と判断すれば採用しない場合もあり、あくまで市独自の判断で採用したことを強調する。行政とすれば当然の言い分だろう。市職員に関する人事権を民間団体に委《ゆだ》ねているとはいくら何でも公言できない。だが、これまでに運動団体から推薦のあった応募者のうち、何人くらいが不採用になったのかと尋ねても担当者は明らかにしてくれなかった。

明らかにされないのは採用しなかった数だけでなく、「同和対策」の名のもとにこれまでいったいどれだけの職員を採用しているのか、そもそもどんな基準で採用するのかということも公表されていないのだ。

「同和雇用者」事件ファイル

この恐喝事件だけでなく、運動団体の推薦で選考採用された市職員による不祥事《ふしょうじ》は日常化していると言ってよいだろう。この数年間で新聞報道された事件に限って紹介してても、内容・件数ともに信じ難いものがある。

▼住宅斡旋《あっせん》と詐欺《さぎ》未遂《みすい》容疑　ボランティア名目で休暇　京都市職員逮捕（記事の見出し、以下同じ）

〈十六日午後七時半ごろ、震災の避難所になっている神戸市東灘区御影石町三、市立御影小学校の教室で、被災者に手製のビラを配り「マンションに安く入れます。家賃は一年間無料」と言っている男を同校の被災者リーダー（43）が不審に思い、東灘署に通報。署員が任意同行を求めて追及したところ、マンションの斡旋名目で保証金をだまし取ろうとしていたことがわかり、詐欺未遂の疑いで緊急逮捕した。

男は……京都市水道局山科営業所工事係主任C容疑者（38）。

調べによると、C容疑者は住宅販売会社社員を装い《よそお》「百五十戸を提供します。照明や冷蔵庫、電話、冷暖房、光熱費、水道代なども無料。七年二月二十日から入居」などと書いたチラシと申込書を被災者に配布、保証金をだまし取ろうとした疑い。

さらに同容疑者は「早く申し込んで下さい。先着順です。保証金は2LDKが二万円、3LDKが三万円」などと持ち掛けていた。

職場には「被災地で倒壊家屋《とうかいかおく》の解体撤去の手伝いをする」と、三日間のボランティア申請書を出し、休暇を取っていた。〉（『読売新聞』一九九五年二月一七日付夕刊）

――C職員にはその後、余罪があることがわかった。神戸で詐欺を行った二月前、京都市市営住宅への裏口入居を斡旋すると持ち掛け、女性から五〇万円だまし取っていたのだ。詐欺容疑で、東灘署は同年三月二七日、神戸地検に追送検している。

▼身障者の預金一五〇万円着服　京都市の福祉職員

〈京都市の身体障害者リハビリテーションセンター（同市中京区壬生仙念町）で、担当指導員（四一）が、入所者（五四）の銀行口座から無断で百五十万円を着服《ちゃくふく》していたことが七日分かった。……京都市民生局の説明では、入所者の男性は脳血管障害で一九九三年九月に同センターに入所し、この指導員が歩行訓練や生活相談を担当した。二月六日に男性が「金がなくなっている」と同センターに訴えて問題がわかった。指導員は「トイレで通帳を拾った。書類を作る時に男性から印鑑を借り、金を引き出した。サラ金の借金が膨《ふく》らんでいた」などと認めたという。〉(『朝日新聞』一九九五年三月七日付夕刊、同三月八日付)

▼婦女暴行容疑などでまた京都市職員2人を逮捕

〈京都府警太秦《うずまさ》署は17日までに、京都市清掃局職員2人を婦女暴行容疑などで逮捕した。同市では、阪神大震災の被災者から金をだまし取ろうとして職員が逮捕されるなど、1ヵ月に3件の不祥事が明るみに出た。

D容疑者(26)とE容疑者(21)。調べではD容疑者は2月26日未明、京都市内の繁華街で知り合った女性会社員2人(ともに20歳)を自宅に連れ込み、同僚のE容疑者、顔見知りの男子中学生(14)=強制わいせつ容疑などで逮捕=と乱暴などをした疑い。〉(『毎日新聞』一九九五年三月一八日付)

▼3年連続で職員が覚せい剤逮捕 京都市清掃局

〈京都市清掃局の元職員が、一九九二年から三年続けて覚せい剤取締法違反で京都府警に逮捕されていたことが四日明らかになった。……府警保安課によると、九四年に中京清掃事務所、九三年に伏見清掃事務所、九二年に下京清掃事務所の職員が逮捕された。いずれも容疑事実を認めて起訴され、懲戒免職となり、その後有罪判決を受けている。

判決文などによると、九四年十月逮捕された職員（当時二三）は「薬がないと仕事に力が入らず、三日に一度は休むようになっていた」との理由で、毎日のように覚せい剤を打っていた、と供述した。

九三年二月に逮捕された職員（同二九）は暴力団組長から覚せい剤約二・五グラムを二十万円で購入。「昼は清掃局、夜はスナックで働き、疲れていたためシャブ（覚せい剤）を始めた」という。また、九二年八月に逮捕された職員（同二九）は、職場の先輩を通じて知り合った人物から譲り受けた覚せい剤を計三回使用していた。

保安課は覚せい剤の入手経路《けいろ》などから、職員の個人的な犯罪とみている。しかし、伏見清掃事務所員の場合は、暴力団が関与していた事実があり、覚せい剤の販路として京都市清掃局を狙い撃《う》ちしていた可能性もあるとみて調べている。〉（『朝日新聞』一九九六年五月五日付）

▼向島の短銃発砲　京都市職員ら6人逮捕　殺人未遂容疑など　家屋使用めぐり争い

〈京都市伏見区の向島ニュータウンで昨年九月に起きた短銃発砲事件で、京都府警暴対二課と伏見署は二十九日午前、殺人未遂や銃刀《じゅうとう》法違反（発射罪）などの疑いで、山口組系暴力団組員や京都市清掃局の職員二人ら計六人を逮捕、左京区の同組組事務所など十七ヵ所を一斉捜索《そうさく》している。逮捕されたのは福原組組員F容疑者（三五）、京都市清掃局職員G容疑者（二〇）、同職員H容疑者（二〇）らで、高校生（一六）も含まれている。

府警の調べでは、F容疑者らは九月三日午前一時四十分ごろ、伏見区向島ニュータウン第五街区の市営住宅一棟（十一階建て）一階東側の非常階段付近で以前に会津小鉄系暴力団とかかわりのあった伏見区の男ら数人と言い争いになり、男らに向け短銃数発を発射した疑い。

G、H両容疑者の勤務先の市清掃局清掃事務所の所長は「(容疑が) 事実とすれば残念。二人ともおとなしい性格で信じられない」と話した。〉(『京都新聞』一九九六年一月二九日付夕刊)

▼京都市職員を逮捕　児童福祉法違反で　府警少年課

〈府警少年課と向日町署の合同捜査班は一日、ツーショットダイヤルで知り合った無職の女性(一七)を脅して性的関係を持ち、知人にも紹介したとして、京都市清掃局職員N容疑者(二六)を児童福祉法違反容疑などで逮捕、さらに知人の不動産会社社長(五〇)を青少年健全育成条例違反容疑で逮捕した。

調べでは、N容疑者は四月四日、ツーショットダイヤルで知り合った京都府乙訓郡の女性を「おれはヤクザだ」と脅迫して、京都市内のホテルに連れ込んだ。その後、「親分とも付き合え」と脅し、元暴力団組員で知人の不動産会社社長に紹介した疑い。〉(『朝日新聞』一九九六年七月二日付

▼覚せい剤容疑、また逮捕者　過去5年で4人目　京都市清掃局

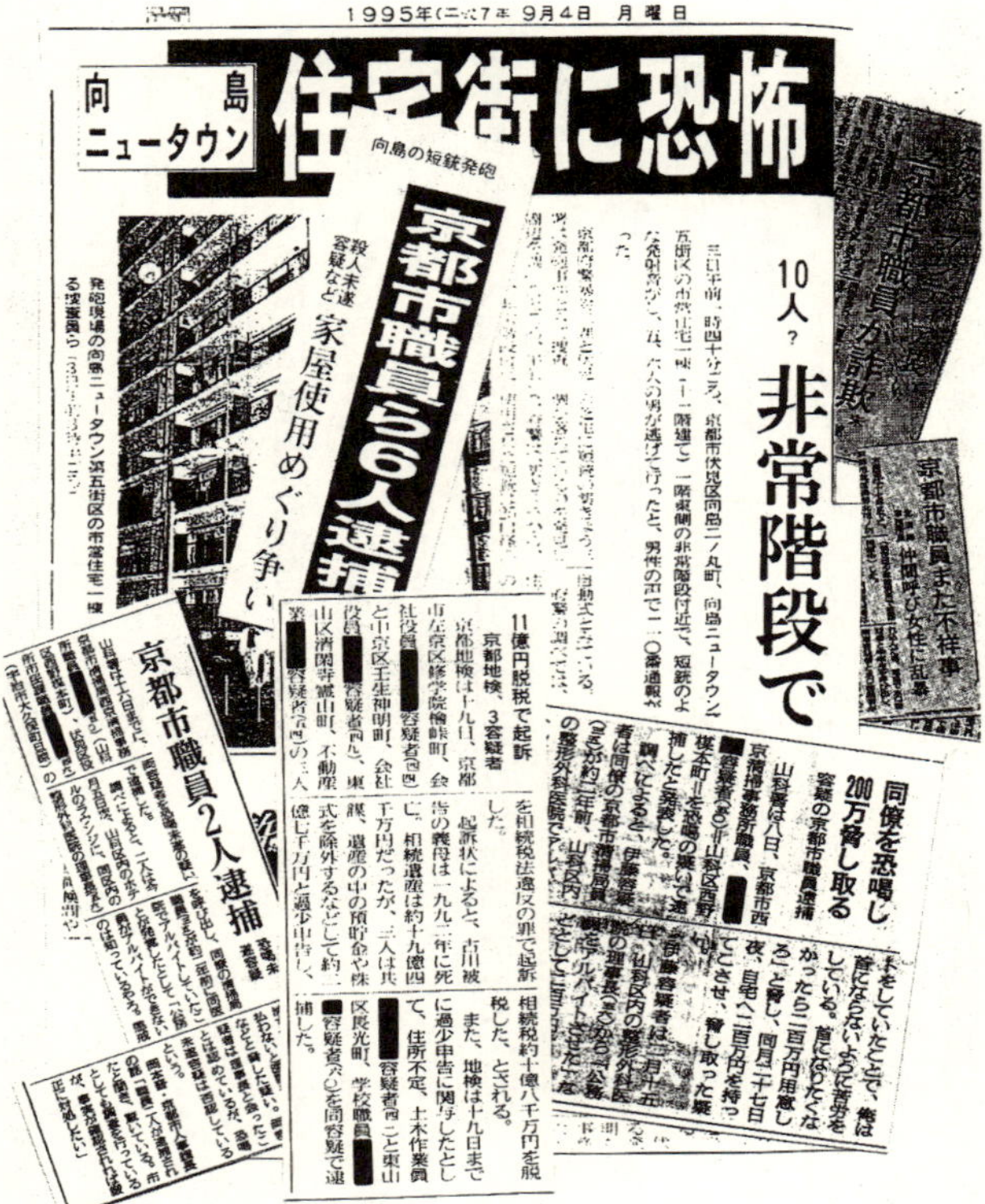

1995年(平成7年) 9月4日 月曜日

向島ニュータウン

住宅街に恐怖

10人？ 非常階段で

三日午前一時四十分ごろ、京都市伏見区向島二ノ丸町、向島ニュータウン五街区の市営住宅一棟（十一階建て）一階東側の非常階段付近で、短銃のような発射音がし、五、六人の男が逃げて行ったと、男性の声で一一〇番通報があった。

発砲現場の向島ニュータウン第五街区の市営住宅一棟

京都市職員が詐欺

京都市職員また不祥事 仲間呼び女性に乱暴

向島の短銃発砲

京都市職員ら6人逮捕

殺人未遂容疑など 家屋使用めぐり争い

京都市職員2人逮捕

11億円脱税で起訴

京都地検、3容疑者

京都地検は十九日、京都市左京区修学院楡岸町、会社役員[redacted]容疑者(四四)と中京区壬生神明町、会社役員[redacted]容疑者(四九)、東山区清閑寺霊山町、不動産業[redacted]容疑者(四四)の三人を相続税法違反の罪で起訴した。

起訴状によると、古川被告の義母は一九九二年に死亡。相続遺産は約十九億四千万円だったが、三人は共謀、遺産の中の預貯金や株式を除外するなどして約二億七千万円と過少申告し、相続税約十億八千万円を脱税した、とされる。

また、地検は十九日までに過少申告に関与したとして、住所不定、土木作業員[redacted]容疑者(四二)と東山区長光町、学校職員[redacted]容疑者(六〇)を同容疑で逮捕した。

同僚を恐喝し200万脅し取る

容疑の京都市職員逮捕

山科署は八日、京都市西京清掃事務所職員、[redacted]容疑者(60)＝山科区西野楳本町＝を恐喝の疑いで逮捕したと発表した。

調べによると、伊藤容疑者は同僚の京都市清掃局員(53)が約二年前、山科区内の整形外科医院でアルバイトをしていたことで、「俺は首にならないように苦労をしている。首になりたくなかったら二百万円用意しろ」と脅し、同月二十七日夜、自宅へ二百万円を持ってこさせ、脅し取った疑い。

伊藤容疑者は、山科区内の整形外科医院の理事長が公務員をアルバイトさせた

「京都市職員」の事件が相次ぐ……。

〈京都市の職員（三三）が八月、覚せい剤取締法違反容疑で京都府警に逮捕されていたことが十八日分かった。同市ではこれを含めて過去五年間で四人の職員が同容疑で逮捕されている。

京都府警薬物対策課によると、八月に覚せい剤取締法違反容疑で逮捕されたのは山科清掃事務所に勤務する男性職員。七月十八日未明、京都市伏見区で盗難車を無免許で運転していたとして、盗品など有償譲《ゆうしょうゆず》り受けと道路交通法違反の疑いで逮捕された。その後の調べで同区の公園内の公衆便所で、覚せい剤〇・〇三グラムを水に溶かして自分の体に注射したとして逮捕、起訴されており、現在、起訴休職処分を受けている。

職員が所属する同市清掃局では一九九二年に下京、九三年に伏見、九四年に中京清掃事務所と三年続けて職員が覚せい剤取締法違反容疑で逮捕された。三人とも容疑を認め、その後、懲戒免職処分になった。

このほか、一月には伏見区のニュータウンで暴力団組員とともに発砲事件に加わった職員二人が殺人未遂容疑で逮捕され、暴力行為の罪で略式起訴された。二月には、職員一人が死亡ひき逃げ事件で逮捕、業務上過失致死《ちし》罪で略式起訴された。四月には大麻《たいま》を所持していたとして別の職員が大麻取締法違反容疑で書類送検された。〉（『朝日新聞』一九九六年九月一八日付夕刊）

異常と言うほかない。「京都市」という職場はいったいどうなっているのか。怒り、あきれるだけでなく、こうまで続くと、得体《えたい》の知れない不気味なものすら感じられてくる。

不祥事の背景に「選考採用」が

清掃の現場で五年間管理職として働いた経験をもつある職員は、同職場在任中、職場の規律を維持するのに苦労したと話す。公務員として不向きというだけでなく、一社会人としてもその資質に首を傾げさせられる人物が選考採用で入ってきているからだ。職務上必要な指示に従おうとしない、無断欠勤を平気で続ける、暴力を振るう……。無断欠勤、無断早退は珍しくなく、勤務時間中の花札、マージャンも常態化しているところもある。

「ひどい場合、まず仕事に出てくるよう指導しなければならなかった職員もいた。これが役所での出来事ですか」と元管理職員は真顔《まがお》で話す。

また、若い職員の中には他に就職先を探す機会もつくらず、はじめから市に就職するのが当然のように思って入ってくる人もおり、選考採用が、住民の自立や本当の意味での「雇用促進」に役立っているのかは疑わしいと感じたという。

もとより選考採用された職員の大部分は真面目に働いているに違いないだろう。だが、ほんの一握りの職員の問題行動としてすまされるはずのことが、一九六〇年代当時と比べて質的に変化を遂げた同和地区住民の実態を無視して続けられる不合理な市の採用制度とあいまって、結果として同和地区住民全体に対するマイナスイメージを社会的につくり出していることは確かだ。

これだけ選考採用者の関与した事件が続発しているのを目の当たりにした人に向かって、地区住民に偏見《へんけん》をもってはいけないと求めるのはかなり無理がある。ましてそう「説教」する当人が行政関係者、解放同盟関係者では、聞かされるほうは白けるばかりだ。同和問題の解決のためということで、実態を無視して延々と続けられている施策の数々は、よく指摘されるように住民の自立を阻んでいるだけでなく、同和問題に対する市民的理解も歪めているように思う。

だが、不祥事はもちろん問題だが、それ以前の問題として問わなければならないのは、事実上運動団体に採用権を与えた形になっている今の選考制度である。

新しい「部落産業」

「行くとこ（就職先）がない。仕方ないから公務員にでもなろう、そう言って選考採用で京都市職員になる人もいるんですよ」

解放同盟京都市協の役員を務めたこともある原田修さんは自嘲気味にそんな話をする。同和対策事業が、社会の実情が大きく変わった今日においても引き継がれた結果、さまざまな弊害を生んでいるが、とくに選考採用の場合、地区の子どもたちにマイナスの影響を及ぼしている面も強いと原田さんはみている。進路選択において「行けるところがなかったら市役所にでも行けばいい」という安易《あんい》な風潮《ふうちょう》が広がってしまったという。

選考採用によって、京都には「市職員現業職」という新しい「部落産業」(註①)が創出されてしまった感がある。一九八四年時点で同和地区全体の有業者に占める市職員の割合は男で四三％、女で三〇％だから（京都市部落実態調査研究会「中間報告書」）、今日の比率はそれ以上にすすんでいるだろう。

原田さんの住む地区では、住宅整備や高校進学率、就労状況など同和対策事業で目標にしていた水準を一九七五年頃にはとっくにクリアしていた。それは確かに運動の成果だった。だが解放同盟の運動方針は、八〇年代に入っても九〇年代に入っても変わることはなく、ひたすら同和施策を要求する行政闘争の継続だった。選考採用だけでなく、七〇年代には必要だった施策も今日では有害無益になってしまったものもある。住民や環境の変化に運動や行政の対応がついていっていない。

「そういった施策が今、部落問題の解決に効果を発揮するとは思えない。その日の生活にも困っているという人も確かにいますよ。でもそれは圧倒的少数です。そういう人たちの生活は保障したうえで、圧倒的多数の人が現状から考えるべき課題は多い」

原田さんは今、周囲に、施策からなるべく離れた生活をしていこうと呼びかけている。しかし、組織的な動きになってその方向に流れていく状況ではない。

「自分の負担を増やしていこうというわけですから難しい運動です。でも今やっとかないと事態は悪くなるばかりですから」

それでも原田さんは地区にとどまり、新しい運動の流れをつくっていきたいと話す。

しかし、選考採用をはじめとする施策によってさらにいびつな状況がつくり出されている。部落問題、同和行政について語る場合、ともすれば地区住民をすぐに解放同盟と全解連に色分けしてしまう傾向がよくある。だが地区住民の多くはそのどちらにも参加していないし、両者の違いを必ずしもはっきり意識しているわけでもない。

近藤浩一さん（二六歳）は数年前、市職員に採用されたが、その何ヵ月か前まで地区には解放同盟と全解連という団体があって、お互い対立しながら運動していることすら知らなかったと言う。運動団体の存在を知ったのは転職を考えたことがきっかけだった。学校を出て何年間か民間の職場で働いていたが、京都市の職員になれる方法があることを親から知らされた。選考採用のことである。

しばらくすると、近藤さんの親の知り合いに全解連の役員がいて選考採用に推薦してもらえそうだということになった。ある日、全解連支部の住宅関係での対市交渉に参加するよう役員から言われ、その交渉の終わったあと、全解連に入会した。

「正直言って全解連でなくてもよかった。もし解放同盟に知り合いがいたらそっちに入っていたかもしれない。市の採用が決まったら団体を辞めようと思っていたくらいだから」

近藤さんは今では熱心に全解連の活動をするまでになっているが、採用が決まった途端、活動に全然顔を見せなくなる人もいるという。

住民にとって運動団体に入る大きな魅力の一つは選考採用に推薦してもらえるということ、この魅力によって組織を大きくしてきている。それはまぎれもなく現実だ——ということばを取材を通して解放同盟、全解連双方の役員の口から聞いた。

またこの両者は、全国的にみてもそれぞれの組織で最大規模の青年部を有している。選考採用の実態とその吸引力から考えると、それは一概《いちがい》に誇るべきことではないだろう。

「選考採用」の裏事情

選考採用の経緯と採用された職員の事情について、『ねっとわーく京都』(註②)誌上で関係者による覆面《ふくめん》座談会が行われている（一九九三年五月号）。同誌は京都市職員労働組合のバックアップにより一九八七年に創刊された月刊誌である。「覆面」という匿名の立場からではあるが、実態の一端《いったん》をリアルにうかがうことができる。以下関連部分を引用する。

B　選考採用がなぜ、京都市で始まったのかという経過をおさえておく必要がある。あれは、私の記憶では北清掃工場の建設にともなう職員募集のときに始まったと思う。だから昭和四〇年代の初期。部落解放同盟がまだ分裂してないころのことだ。京都市が「高卒で体力に自信のある健康な男子」という基準で清掃工場職員を一般公募したが、全然応募がなかったんだね。

そこで京都市が当時の部落解放同盟に「お世話願えないか」という話をもっていった。それまでにも個人的な紹介はあったかもしれないが、とにかく組織的にやったのは初めてのことだ。

A　市会議員の紹介による選考採用は、それまでにも行われていた。同和地区出身の議員を中心に、市当局は一定の「雇用枠」を渡していた。

B　特に同和雇用で強いのは自民党と社会党の四人だ。そして議員の紹介で入った職員は、それぞれの議員ごとに「岩水会」とか「一輪会」「かわまさ会」とかいう後援会を、それぞれの職場ごとにつくっている。
C　議員が市議会で何か追及しようとすると、市当局は「まあまあ、先生、雇用のこともありますから……」ということになる。まともに市民の代表として、議会でものを言うということにならないんだね。
D　その議員雇用に目をつけたのが分裂した部落解放同盟（現在の「解同」）の朝田善之助だね。「解同」の組織拡大に「雇用」を使った。雇用枠を組織として確保して、同和地区住民を「『解同』の会員になれば京都市の職員になれる」という〝利益〟で組織していったわけだ。そして議員と「解同」と市理事者の三者が一体となった、今日の雇用形態の原型をつくった。
B　本格化したのは舩橋市長時代だね。舩橋さんは「解同」と「全解連（全国部落解放運動連合会）」の両方の幹部と親しく、同和問題にも理解があった。そこで、それまで「解同」だけだった雇用枠を両方の組織に渡した。
「全解連」は当初、「一般公募すべきだ」という主張だったんだね。「解同」か

「全解連」かいずれかの組織に所属しない限り、選考採用の対象にならないというのはおかしい、と。その主張が通って一般公募したこともあった。しかし、広く市民一般に向けた公募ではなく、同和地区内の隣保《りんぽ》館《かん》に三日間ほど掲示するくらいでとどまってしまった。

C　率直に言って、「全解連」にも弱点があったと思う。「解同」が雇用を通じてどんどんと組織を拡大していったわけだからね。「全解連」もそのことがプレッシャーになったと思うよ。

編集部　職場では選考採用によって、どんな問題が生じているのでしょう?

A　清掃や交通、上下水道、学校等教育現場などの現業は選考採用ばかりだ。だから現場では新採が来たら「どこの所属の者か」ということが、まず話題になる。そして「ナンボ積んだか?」ということが、まことしやかに言われる。それからごく少数の例外だと思うが「ブラブラ職員」というのがいる。

D　ひどいのになると、給料日に職場に顔を見せれば上出来、というくらい出勤しない。それを所属長が何も注意しないし、「どうぞ、どうぞ」といわんばかりだ。不思議なことに、それでも十数時間分の超勤手当がついている。

C　現業だけではなく事務職のところで同じような問題があるし、ほとんどの職員は敏感に感じているね、しかし文句は言わない。運動団体からの選考採用で入ってきているから、何かあったらかなわんと思うのか……。とにかく特別視している。

A　それから問題になっているのは「職免《しょくめん》（職務免除）」だ。職免を蔓延《まんえん》させたのは「解同」だね。雇用を通じて組織した会員を、組織の集会や京都市との団体交渉に動員するため、仕事中でも職場を離れられる「職免」を使った。市当局は「同和問題の解決に役立てるため」ということで、「解同」の言いなりになって認めた。

B　だから「解同」の集会はすべて会場を満杯にした。片や「全解連」は参加者が少ない。そこで均衡《きんこう》を保つために「全解連」も職免を使うようになっていったわけだ。

D　しかしいま「全解連」のほうは改善されているね。運動のための職免は一切とらないというのが方針になっていて、現在では完全にとっていないね。

C　京都市は他都市とくらべて、現業職場の正職員化闘争が早くからあった。それから特別指定職制度をとって、現業から事務職へ移る手だてが、はるかにたやすい。だから選考採用というのは非常に魅力がある。これが他都市と違う点だ。そこに「解同」は利権を見つけたわけだ。

B　しかし「雇用」の功罪を明確にすべきだと思うね。「功」の部分で言えば、同和地区からの雇用が始まった当初は意義があったと思う。だって二〇年、三〇年前の同和地区の住民の職業といえば、日雇《ひやと》いばかりだった。京都市が積極的に地区住民の雇用を推進したことが、経済的安定に役立ったのは事実。

「罪」の部分でいえば、地区住民の言論を運動団体が抑えてしまったことだ。「おまえ、うちの組織が就職を世話してやったんだぞ」「おれの言うことが聞けんのか」と……。「職免」を取って仕事を抜けるのは嫌だと思っても言えなくなってしまった。

京都市もそれを狙ったふしがある。運動団体幹部に「雇用枠」という〝飴《あめ》〟を渡せば、一万五〇〇〇人の地区住民の声を抑えられると……。

Ⅱ　崩壊——ジャンキー公務員

無断欠勤・行方不明、勤務中にパチンコ店でアルバイト

同和対策事業の一環として、運動団体の推薦者を「公務員としての適性」にかかわりなくノーチェックで市職員にしてきた結果、市政そのものに重大な歪みが生じてきている。大量の技能・労務職員を抱える環境局（旧清掃局、一九九八年度から名称変更）で近年、毎年のように懲戒免職者を出しているのは、その歪みがもはや取り繕《つくろ》うことができない段階まで深刻化し、表面に噴き出しはじめた結果だと言える*。

*——京都市の技能・労務職員は現在、約六五〇〇人いる。歪みが深刻化しているとはいえ、新聞沙汰になる事件を起こす職員は、総職員数からみるとほんの一握りであるということを、誤解のないよう註記しておきたい。

新聞に記載された不祥事の懲戒処分について（市長部局、平成７～９年度）

所属	事件内容	処分日	処分内容
清掃局	強姦未遂	7. 5.26	懲戒免職
〃	強姦未遂，恐喝未遂	〃	〃
東山区選管	器物破損	7. 9. 1	戒告
衛生局	交通事故（過失致死）	8. 7.15	戒告
清掃局	児童福祉法違反等（少女に対する淫行等）	8. 9. 9	懲戒免職
清掃局	覚せい剤取締法違反等	8.10. 4	〃
民生局	遺失物横領，窃盗未遂	8.12.27	停職１５日
〃	上記の管理監督責任，不適切な事務処理	〃	減給1/10　1月
〃	〃	〃	〃
都市建設局	積算文書漏洩事件に係る管理監督責任	9. 1.27	文書訓戒
[illegible]	〃	〃	〃
都市建設局	〃	〃	〃
都市建設局	局ソフトボール大会運営の管理監督責任	9. 6.23	口頭厳重注意
清掃局	覚せい剤取締法違反	9. 7.18	懲戒免職
清掃局	覚せい剤取締法違反	9. 8. 1	〃
清掃局	スーパーに侵入し，階段から転落したことにより植物状態となり，復帰の見込みなし	9. 9.30	分限免職
文化市民局	外郭団体における暴力事件の管理監督責任	9.11.18	口頭訓戒
〃	〃	〃	文書訓戒
〃	〃	〃	文書訓戒
都市建設局	収賄容疑により逮捕・起訴及び信用失墜	9.12. 1	懲戒免職
清掃局	交通事故（過失致死）	10. 1.23	戒告
民生局	公金詐取	10. 3.13	停職６月，降任
総合企画局	収賄容疑事件に係る管理監督責任	10. 3.27	戒告
都市建設局	〃	〃	減給1/10 3月
〃	〃	〃	戒告
〃	〃	〃	局長文書訓戒
民生局	公金詐取事件に係る管理監督責任	10. 3.27	戒告
〃	〃	〃	戒告
〃	〃	〃	戒告
〃	〃	〃	文書訓戒
西京区役所	〃	〃	文書訓戒
民生局	〃	〃	局長文書訓戒

清掃局は一九九七年五月、過去三年間に延べ二一人を懲戒処分にしたことを明らかにした。内訳は、分限免職二人、三日間から一ヵ月の停職一四人、戒告三人。処分の理由は無断欠勤が大半で、他にアルバイトなどだという。たとえば、無断欠勤し二ヵ月以上も連絡がつかず、行方不明になった職員二人が分限免職。深夜に民間の清掃会社で一年以上ごみ収集の仕事をしていた職員が三日間の停職。約五ヵ月間パチンコ店でアルバイト、しかも「早帰り」し勤務時間中に働いていた職員が戒

告処分、という事例がある。なお、これとは別に同時期、清掃局では、覚せい剤使用、強姦未遂、ピストル発砲事件などに関与したことを理由に七人が懲戒免職処分を受けている。

二一人のうち半分以上の一四人が一九九六年度の処分であることについて京都市幹部は、「年々、厳しく対処した結果、処分件数が増えた」（『京都新聞』一九九七年五月二一日付夕刊）と説明するが、これまでは多少の無断欠勤など処分の対象にしてこなかったということになる。

処分を明るみにしたあとの京都市のコメントは次のようなものだった。

・井尻浩義総務局長「あってはならないことだが、アルバイトの事実があり、処分した。本年度（一九九七年度）に入って処分したケースはないが、いっそうの綱紀粛正に努めていきたい」（同前）

・大森寿人総務局人事部長「服務規律の徹底を厳しく指導しており、今年度は処分はない。しかし、市民の公務員への信頼を著しく損なう行為に対しては、今後も厳正に処分する」（『読売新聞』一九九七年五月二二日付）

両者とも本年度は改善されていることを強調しているが、処分人数を明らかにした時期はまだ年度がはじまったばかりの五月末のことなのである。予想に反して、と言うべきか、清掃局ではこの年も処分者が続出することになった。

註——総務局長、人事部長とも「本年度に入って処分したケースはない」と強調していたが、実はこの時点ですでに停職一人、戒告二人（いずれもアルバイト）の処分者を出していたことが、その後の取材でわかった。処分者が多すぎて混乱していたのかもしれないが、担当局長・部長が処分の事実を正確に把握していないとは、お粗末な話だ。

「選考採用」者事件ファイル97／98

一二四ページの資料は京都市役所の人事部がまとめた「新聞報道」された不祥事と懲戒処分内容の一覧である。

先に一九九五、九六年の二年間に表沙汰になった京都市職員（「選考採用」者）による詐欺、窃盗、婦女暴行、殺人（未遂）、覚せい剤使用といった信じがたい犯罪の数について紹介したが、それ以降（九七、九八年度）の事例とそれにたいする京都市のコメントを、以下新聞記事から採録してみよう。

▼①**職員が覚せい剤使用容疑で逮捕、起訴**（記事の見出し、以下同じ）

〈京都市清掃局の職員が六月末、覚せい剤取締法違反（使用）の疑いで桂署に逮捕されていたことが、六日わかった。

逮捕されたのは清掃工場職員H容疑者（三四）。同署の調べでは、H容疑者は六月下旬から同月二十五日の間、市内などで覚せい剤を使用した疑い。

同署によると、H容疑者は六月二十五日、相談事で同署を訪れたが、言動が不審だったため尿検査をしたところ、微量の覚せい剤が検出された、という。（略）

井尻浩義・市総務局長は「五日に初めて逮捕を知った。早急に処分を検討する」としている。また、山本脩・清掃工場長は「こういうことが二度と起きないよう、さらに職員の自覚を促していく」と話している。〉（『京都新聞』一九九七年七月七日付）

〈稲津国男・市清掃局長は七日開かれた市議会厚生委員会で、「市政への信頼を損ねかねない事態で、市民に心からおわび申し上げたい。市挙げて服務規律の確立に努めている最中で、当該職員については厳正に対処する」などと陳謝した。〉（『読売新聞』一九九七年七月八日付）→H職員はその後懲戒免職処分。

▼②京都市職員　また覚せい剤容疑

〈京都府警太秦《うずまさ》署が七月下旬、京都市清掃局の清掃事務所職員、N被告（二九）を覚せい剤取締法違反（使用）で逮捕、京都地検が起訴していたことが四日、明らかになった。本人が容疑を認めたため同市は一日付けで懲戒免職処分にした。

（略）

起訴状によると、N被告は七月一六日ごろ、京都市右京区のテレホンクラブで覚せい剤約〇・〇三グラムを水に溶かして自分の体に注射した、とされる。

大森寿人・人事部長は「個人生活上の問題だが、市全体の信用失墜につながり非常に残念だ。日常の勤務を通じて指導を徹底したい」としている。〉（『朝日新聞』一九九七年八月四日付夕刊）

▼③一九九八年に入ってから、クリーンセンター（清掃工場から改称）職員による汚

職事件三件が相次いで発覚した。二人の職員（懲戒・諭旨免職）が収賄容疑で逮捕、起訴され、現在公判中。これに関し京都市は関係職員の処分を発表した。停職、減給、戒告の懲戒九人、厳重文書戒告七人という処分。懲戒処分のうち戒告を受けたのは監督責任を問われた環境局長だった。

桝本市長のコメント〈「服務規律の厳正化に取り組んでいたなかでの事件だけに、慚愧《ざんき》の念にたえず、改めて市民の皆様に深くおわび申し上げます」〉（『朝日新聞』一九九八年九月一〇日付）

▼④環境局職員が覚せい剤

〈京都市環境局まち美化事務所（清掃事務所から改称）の職員が、四月中旬に覚せい剤取締法違反（使用）の疑いで下鴨署に逮捕され、五月末に懲戒免職処分になっていたことが、十二日分かった。

下鴨署によると、この職員はM被告（二九）。四月中旬に京都市内で覚せい剤を使用したとして、四月十六日に逮捕され、同二十七日に起訴された。

市環境局によると、M被告が、面会した市関係者に対し、覚せい剤を使用した

ことを認めたため、五月二十九日に懲戒免職処分にした、という。（略）

相次ぐ職員の不祥事の発覚に、仲筋邦夫・同局理事は「職員が大きな社会問題になっている覚せい剤に手を染めたことは、とても残念だ。昨年も同様のことがあり、注意を喚起してきたのだが……。汚職事件とともに、市民に対しての信用を失墜させてしまったことをおわびしたい」と話している。〉（『京都新聞』一九九八年六月一三日付）

▼⑤職員と業者に　家族にも配ります

〈汚職事件など相次ぐ不祥事の再発防止に向け、京都市は十五日、職員向けの啓発パンフレットを作成した。また、同日から一ヵ月間を「公務員倫理感覚向上特別強化月間」とし、全職場で啓発パンフなど研修教材を活用し、不祥事根絶に取り組む。

パンフは「一杯のコーヒーから」と不祥事のきっかけや要因を分かりやすく解説するとともに、不祥事を起こさない職場づくり、刑罰や処分の厳しさを示した。また、公務員としての自覚と業者への注意を促し、職員自身が問題を早期発

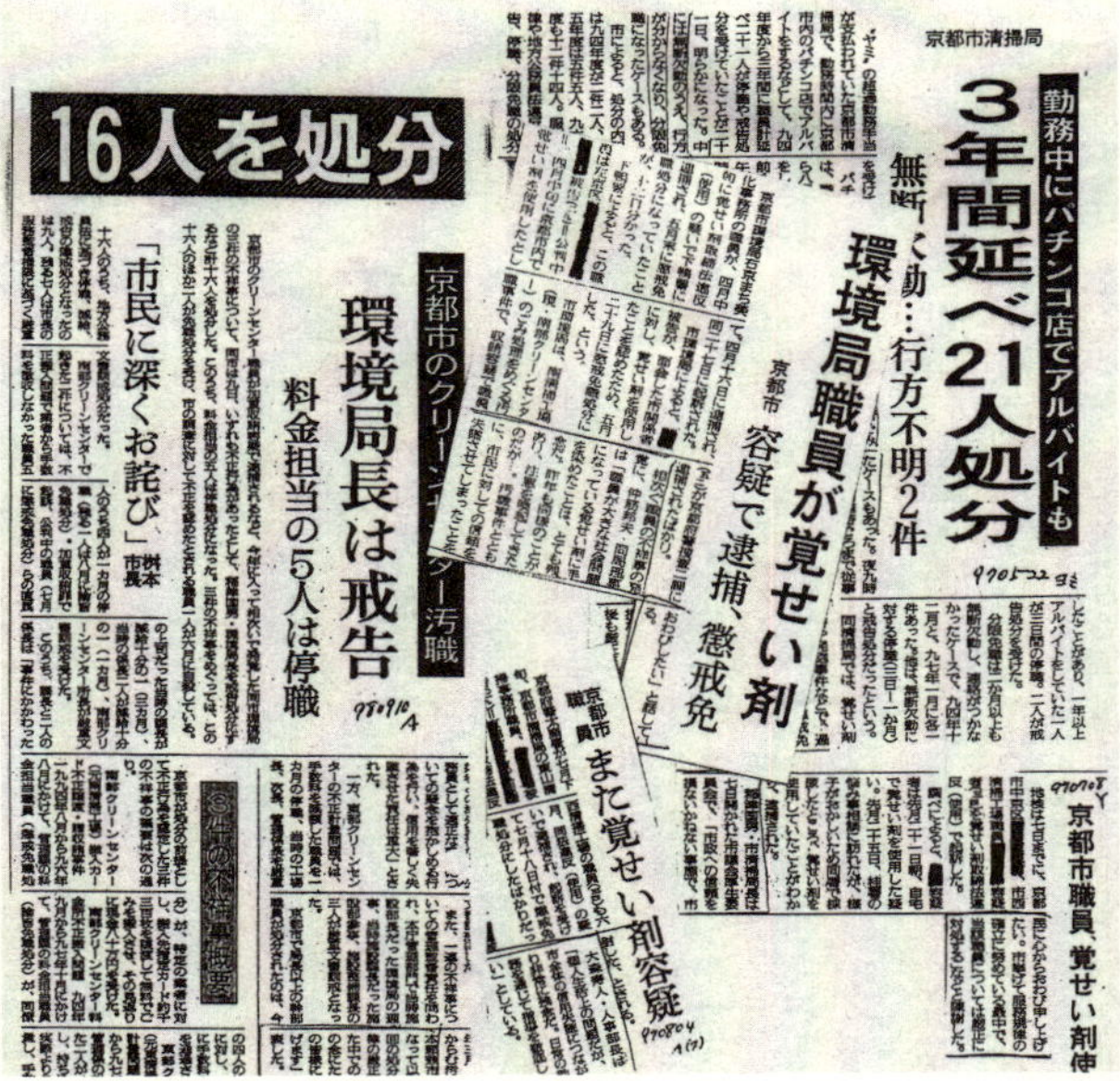

見できるよう「自己診断チェックリスト」を設けた。〉（『京都新聞』一九九八年七月一六日付）

▼⑥なぜ不祥事続発　京都市環境局職員暴行事件

〈今度は暴力事件――汚職や覚せい剤の使用で逮捕されるなど職員の不祥事が相次ぐ京都市環境局で五日、他部局の職員への二件の暴力事件が明らかになっ

た。（略）

この日の財政・総務委員会で、委員が「環境局職員が先月、暴行事件を起こしている」として市側に説明を求めた。井尻浩義・総務局長は「詳しい状況は調査中だが、適正に処置し、市民との信頼を取り戻したい」と述べた。（略）

同局の仲筋邦夫理事は「信頼の回復に取り組んでいるさなかだけに、憤りすら感じる。今後も粘り強く職員の自覚を促す」と話している。〉（『読売新聞』一九九八年八月六日付）

この日の市議会財政・総務委員会で取り上げられた暴力事件とは、次のようなものだった。

▼⑦京都市職員　傷害の容疑

〈下鴨署は十八日、京都市隣保館の職員を殴ってけがを負わせたとして、同市環境局まち美化事務所職員のA容疑者（二七）を傷害の疑いで逮捕した。

調べでは、A容疑者は七月十六日夜、左京区田中の養正隣保館近くの路上に駐車しようとした際、別の車が駐車してあったことに腹を立て、同館に「適切な処置をしろ」と要求。対応した主任（四三）を殴って顔に二週間のけがをさせた疑い。A容疑者は容疑をほぼ認めているといい、市は処分を検討している。〉（『朝日新聞』一九九八年八月二〇日付）

▼⑧傷害などの疑いで市職員を書類送検

〈川端署は一日、京都市の隣保館長（五四）に暴行を加えたとして、同市環境局クリーンセンター職員（四九）を、弟（四七）とともに傷害と公務執行妨害の疑いで書類送検した。

調べでは、二人は今年七月二十五日午後、親類が住んでいた左京区の市営住宅周辺の植え込みが伸びていることに腹を立て、最寄りの隣保館に勤務するこの館長を呼び出し、顔を殴るなどした疑い。〉（『朝日新聞』一九九八年九月三日付）↓

同職員はその後、停職二〇日の処分を受ける。

▼⑨暴行の京都市職員を再逮捕　覚せい剤容疑

⑦のA容疑者は、その後、別の容疑で再逮捕された。

〈京都市環境局の職員が別の部局の職員を暴行していた事件で、京都府警下鴨署は二十九日、環境局まち美化事務所職員、A容疑者（二七）を覚せい剤取締法違反（使用）の疑いで再逮捕した。A容疑者は今月十八日、職員への傷害容疑で逮捕され、その際の尿検査などで覚せい剤の使用がわかった。容疑を認めているという。同市は二十八日、A容疑者を一か月の停職処分にした。

同市環境局では今年度に入って、ごみ処理をめぐる汚職事件や不正計量問題、別の職員の覚せい剤取締法違反事件など不祥事は続出している。〉（『読売新聞』一九九八年八月二九日付）

Aは結局懲戒免職処分となる。公判や検察などでの供述によると、Aは一九九五年七月に京都市職員になったが、それ以前に薬物（シンナー）使用の前科があり、元暴力団員でもあった。市に就職した翌年から覚せい剤を常用するようになり、逮捕される前は一週間に一回は注射していた。しかも一回に使用する覚せい剤量はかなりヘヴィーで、通常の四倍以上にもなる〇・一三グラムだったという。

また、公判での本人の供述によると、隣保館職員を殴った翌日（七月一七日）、自宅を訪れた隣保館長から、暴行事件について警察に被害届を出した旨を告げられている。

京都市環境局職員暴行
なぜ不祥事続発
市幹部「申し訳ない」だけ
市議会委 また裏切られた市民

覚せい剤使用容疑も
傷害容疑の京都市職員を再逮捕

環境局職員を逮捕
京都市 覚せい剤使用容疑で3人目

京都市職員 傷害の容疑
下鴨署が逮捕

となると当然近いうちに警察から出頭の呼び出しがあることが予測されるが、Aはそのあとも覚せい剤使用を続けるという「不敵」な行動をとっていたこともわかった。

一九九八年一〇月一五日、左京区の京都会館で、京都市自治一〇〇周年の記念式典が行われた。桝本市長は、「時代は大きな転換期を迎えている。市民と行政とのパートナーシップによって、分権時代の新しい地方自治を切りひらく契機にしたい」と高らかにあいさつ。新たに名誉市民になった裏千家家元の千宗室氏、哲学者の梅原猛氏をはじめ、三五七七五の個人・団体を表彰した。

恥ずべきことに、このはなばなしい式典のまさに同日、またしても次のような事件が明るみになった。

▼⑩京都市職員を逮捕　覚せい剤使用の疑い

〈西陣署が、京都市環境局クリーンセンター職員、T容疑者（三九）を覚せい剤取締法違反（使用）の疑いで逮捕していたことが一五日、分かった。

調べでは、T容疑者は今月初め、自宅近くに止めた車の中で、覚せい剤を使用した疑い。任意提出した尿から、覚せい剤の反応が出たため、八日に逮捕した。

「知人が警察に捕まったと聞いたので、覚せい剤を処分しようと、車の中でコーヒーに入れて飲んだ」などと供述しているという。（略）〉（『毎日新聞』一九九八年一〇月一六日付）

幻覚に見舞われて働く

「その日は仕事の日でしたので、朝近鉄の丹波橋駅から電車に乗って仕事場である清掃工場に向かいました。私は電車に乗っているとき覚せい剤の影響からか、妻が拉致されている、という考えがずっと頭にありました。特に誰に拉致されているというわけではなく、とにかく誰かに捕らわれているというように思っていたのです」

ファイル①のHは、自分が覚せい剤による幻覚症状に陥った末、逮捕されるに至ったときの状況をこう語っている。Hの話を続ける。

「それでもとりあえず仕事に行ったのですが、妻を助けなければならない、と思い、体の調子が悪いから帰る、と言って工場を途中で抜けました。歩いていたら途中で桂警察が目に入ったので、助けを求めるために桂署に駆け込みました。桂署でははっきり覚えていないのですが、とにかく妻を助けてくれ、という内容のことを言っていたと思います。ただ、自分が警察署に駆け込んだもののこの警察署は偽物かもしれないというふうに思い、そこから逃げ出そうとしたことも覚えています」（京都地方検察庁での供述）

Hは覚せい剤の使用は一回だけと供述しているが、警察・検察双方は逮捕時の様子や腕の注射針の痕などから多数回使用したのではないかと主張している。

ファイル②のNの場合は、逮捕時、次のような状況だった。

「私は昨日は仕事にも行かず、車でブラブラと走り回っていたのですが、夕方になって、私がよく行っていました西院のテレクラに入ったのです。そのときも私の感覚としては、ボーッとした状態が続いており、そのためか、なかなか女の子とも話がうまくつかなかったのですが、そのうちまたシャブを打ちたくなったことから、私がいつも持ち歩いているセカンドバッグの中からシャブと注射器を取り出して、そのときも私がシャブを打ったときに味わう、シャキッとして体が楽になる気分が得られ（ました）。

シャブを打った後は、そのテレクラで引っかけた二三歳位の女と三条通にあるホテルCというホテルに入ったのですが、私自身、シャブがガンガンきいた状態であり、よく覚えていません」（太秦署での供述）

Nは覚せい剤の常習者で、一九九七年四月から逮捕される七月まで、約三〇回は使用し、とくに逮捕される直前の五日間で七回打ったことを認めている。

『警察白書（平成九年版）』によると、一九九六年の覚せい剤取締法違反による検挙人数は全国で一万九四二〇人。二年連続で大幅に増加しているとはいうものの、一般市民の感覚では、遠い存在、近づいてはならない薬物という感覚ではないだろうか。なぜこうまで、公務員である京都市職員に使用者が続出するのか。

HとNがどういうきっかけで、覚せい剤を使うようになったのか、二人の説明を聞いてみる。

「この日は、仕事の帰り、西院で一杯飲み、京都駅から近鉄線に乗って近鉄伏見駅で下車、歩いて妻のマンションに向かったのですが、この途中（ストリップ劇場DX伏見の近くで）、三〇歳から四五歳位の男が親しげに、にいちゃん、にいちゃん。えーのあるで、えー気持ちになるで、と声をかけてきたのです。

私は酒の酔いも手伝い、何やろという興味もあったため、その男の言うことを聞いておりますと、すっきりするで、等と言いますし、私自身、いらいらしていたこともあり、嫌なことが忘れられるならと思いその男と値段の話になったのです。その男からは、チャック付ビニール袋に入った白い粒々と粉が混じったものと、注射器一本を渡され、私は代金一万五〇〇〇円を支払いました。このとき、初めてこの男が言っていた、えーのある、というものが、シャブのことだったとわかったのです」（Hの桂署での供述）

夜道を歩いているとき、見ず知らずの男がだれかれなしに覚せい剤を売りつけるものかと、当然捜査側は疑ったが、真相は不明。

「私がシャブをやり始めたのは今年の三月くらいからで、テレクラで知り合った女がシャブをやっていたことから、私もシャブの買い方を教えてもらったのです。

シャブの買い方について少し説明しますと、まず、〇三〇―二××―五七五七という電話番号に電話するのです。すると中年ぐらいの男が電話に出ますので、シャブを何個欲しいか言うのです。そして待ち合わせの場所を決めて、そこまで行くのですが、最後のシャブを買った場所は、山科にあるJというパチンコ屋の前でした。そのときもいつも来る年齢四〇歳位、身長一六五センチ位、やせ型、サングラス、一見暴力団風、白色ニッサンシーマに乗車した男があらわれ、この男からシャブのビニール袋、一個一万五〇〇〇円で買い、注射器一個二〇〇〇円で買ったのです」(Nの太秦署での供述)

「職場崩壊」

Hは仕事中に幻覚症状に見舞われ、Nは中毒症状のため仕事を欠勤したまま市内を彷徨していた。ごく一握りとはいえ、こういう状態の人たちが公務にたずさわっていたことを知ると、背筋が寒々としてくる。

ただし、こういった事件で、現場の管理職の監督責任を問うのは酷だ。不良職員が全体の中で一人だけで、残りの職員が全員勤勉で自分の指示に忠実に従うという状況ならばともかく、現実には「職場崩壊」の様相なのだ。京都市職労清掃支部の山下明生支部長は以前、私の取材にたいし、次のように清掃職場の実態を語っている。

「ある現場では、『スヌケ』と称する無断早退が横行し、勤務時間中のマージャン、花札も珍しくない。真面目に仕事をしようと入ってきた職員も、こういった環境の中で次第に流されていくケースが多い」

末端の管理職が二、三発殴られる覚悟で毅然とした態度でのぞめば何とかなる、という状況ではないのである。公務員不適格者を毎年雇い入れ、市トップが運動団体に及び腰である現実が転換しないかぎり、問題解決の道はない。

同和「選考採用」という制度が、合理性、公正性を欠き、市政全体を歪めるはたらきをしているとはいうものの、実際の採用者の中には、意欲と希望に燃えて着任してくる人も多いに違いない。そういう人たちが、自分の職場には覚せい剤常用者をはじめとする不良職員がめずらしくないという事実を目の当たりにしたときの驚きと憤り、あるいは悔しさを思うと、気の毒になる。「流されていく」職員がいても不思議ではないだろう。

H、Nの二人はともに懲役一年六ヵ月、執行猶予三年の判決を京都地方裁判所で受けている。かれらの年齢から推測すると、同和行政が本格化したときに生まれ、施策の拡充とともに育ち、行政の不公正ぶりが突出した時期に成人した。その間いろいろな同和施策を受けてきたと想像される。そしてその象徴でもある「選考採用」で市職員になったものの、覚せい剤で捕まり、役所を追われた。二人の人生にとって同和行政とはどういう意味をもっていたのだろうか。

III　腐敗――京都市役所の「闇」と「病み」

権限喪失の管理者、嘲笑《あざわら》う職員

一九九八年四月以降、京都市環境局クリーンセンター（旧清掃局清掃工場）職員の汚職*が相次いで明るみに出た。一連の不祥事について同八月に環境局が発表した調査報告書を読むと、まったく寒々とした気分にさせられる。ごみの不正搬入や贈収賄の事実についてはすでに報道されているので、そう驚くことはなかったが、不祥事を前にして管理職や局がどのような対応をとったかについての記述からは、無法地帯、監督機能が消失した職場の姿が見え隠れする。

*――クリーンセンター汚職事件　①南部クリーンセンター搬入カード不正譲渡・贈収賄事件＝同センター職員（懲戒免職処分）は一九九四年八月から九六年八

月までの間、特定の業者にたいして「搬入先指定カード」約一三〇〇枚を譲渡して無料でごみを搬入させ、その見返りに現金八〇万円を受け取った。②東部クリーンセンター料金不正計量事件＝同センターの二職員が一九九六年四月以前から九七年三月まで、特定の業者のごみ搬入の際に、実際の重量より少なくなるよう計量し、手数料を減額した。③南部クリーンセンター料金所不正搬入事件＝同センター職員（諭旨免職処分）が一九九四年九月から九七年一〇月にかけて、他の四職員の協力を得て知人の廃棄物を無料で搬入させた。

南部クリーンセンターを舞台にした搬入カードの不正譲渡と贈収賄事件では市職員の逮捕・起訴まで広がった。ところが環境局の「報告書」によると、同センター当局では新聞第一報（一九九八年四月）の二年前の時点ですでに不正の事実をつかんでいたのだ。しかし、何の対策もこうじることなく、結果として不正搬入の継続に手を貸すことになった。また、不正職員を処罰することもなかった。新聞報道で事件が公になったあとも、環境局の綱紀点検調査委員会が一応は調査しているが、市職員の「金品の授受はなかった」ということばを鵜呑みにすることで終えている。その後、監督するはずの管理職が、この事件にかかわった業者とゴルフ、海外旅行にまで行っていたこともわかった。

同センターでの料金所不正搬入事件ではどうか。「報告書」によると、料金所の職員全員が不正に関与していた。その期間は一九九四年九月から九七年一〇月にまで及ぶ。だが、監督者はそれに気づくことがなかったという。

職員の不正を見ても見逃し、逆に担当職員全員による犯罪が長期にわたって行われていても、それに気がつかない。八月の市議会厚生委員会では、市の管理監督体制はどうなっているのだと、共産党はもちろん与党議員からも追及の声があがり、マスコミの厳しい批判にさらされたのは当然だろう。

管理者の権限が及ばない職場が京都市にはある、としか考えられない。事実そのことを証明する事件が、直後に起こっている。相次ぐ不正発覚を受けて環境局長は一九九八年六月九日、管理職を招集して綱紀粛正を厳命し、管理職は所属職員にその内容を伝えた。また各職場には厳命文「市民の信頼回復のための緊急取組」を掲示した。市全体でも七月一五日、「不祥事防止啓発パンフレット」を全職員に配付した。

これだけ当局からうるさく言われたら、「問題職員」といえども少しは自重するものだが、京都市の場合、残念ながらそんな常識は通用しない。逆にこれらを嘲笑うかのように環境局職員による暴行事件が続発していくのだ。「不祥事防止パンフ」配付の翌日、まち美化事務所（旧清掃事務所）職員（二七歳）が、いつも自分が違法駐車している同和地区内の路上に「先客」がいたことに腹を立て、同地区隣保館職員を殴り、逮捕。その後、この職員は覚せい剤使用容疑で再逮捕された。同月二五日、今度は北部クリーンセンター職員（四七歳）が自分の親戚の住む改良住宅近くの植え込みが伸びていることに腹を立て、同地区隣保館長を呼び出し殴打、書類送検されている。

クリーンセンターごみ搬入にかかわる不正、職員への暴行をはたらいた面々は、「同和雇用」、いわゆる同和対策として実施されている京都市の「選考採用」による採用者だった。以前、解放同盟京都市協事務局長、全解連京都府連委員長は、私の取材に対し、奇しくも口をそろえて「われわれは選考採用を組織拡大の道具に使ってきた面は否定できない」と述べた。そして信じがたいことに、京都市自身もこのことを事実上黙認してきた。結果、採用者の一部とはいえ、「同和問題の解決」の美名のもと、公僕としての自覚も意欲も能力もない人物が市職員になっている。市民はかれらを無駄に養っている。

深い闇

同和「選考採用」については、過去二回の市長選挙で大きな論議を呼んだが、その実態は闇に包まれたままだ。京都市人事課と運動団体関係者の話を総合すると、わかっているのは、京都市が解放同盟、全解連の各市協に採用枠を示し、それに応じて両団体が推薦者を決め、ほとんどフリーパスで採用される、ということくらいだ。各団体が何人の枠をもっているのかはもちろん、全採用者数、採用基準すらこれまで公になっていない。

一般にいう採用試験（競争試験）をへて採用されるものとはべつに行われる選考採用は、地方公務員法で定められた制度で、京都市独自のものでも同和対策だけのものでもない。「京都市職員任用規則の適用方針」では、選考採用する職として、①免許・資格職（医師、薬剤師、看護師など）②特殊専門職（文化財保護技師、楽員、研究職員など）③技能・労務職（業務職員、管理用務員、電話交換手など）等が定められている。

このうち③が同和地区住民を対象に就労の場を保障することを目的として、事実上同和対策事業として実施されてきた。

選考採用の正確な開始時期については諸説ある。「京都市同和対策長期計画第一次試案」（一九六九年一一月）に、今後もいっそう地区住民の雇用を促進していく旨が明文化されているので、遅くともそれ以前から市の正式な方針にもとづきはじまっていることになるが、元京都市民生局福利課長の豊田慶治さんによると、「私が市役所に入った一九五二年頃には交通局や水道局には、かなりの同和地区出身の職員がいたと思います。ですから以前から選考採用があったようですが、職種は限られていたんですね。私の記憶では、一九五六、七年頃から職種が広がっていったと思います」（『ねっとわーく京都』一九九七年三月号）という。

今回、情報公開条例を使って、運動団体別に何人採用されているか、両団体合わせて何人か、運動団体からの推薦者名簿、同和「選考採用」実施に関する決定書……と、とにかくありそうな公文書の公開を片っ端から請求してみたが、すべて「そういう公文書は存在しない」という回答が人事課、人事委員会から返ってきただけだった。応募要項や申込用紙くらいはあるだろうと思ったが、それすらもないとの答えだ

京都市職員の採用方法

■競争試験採用（一般事務職、一般技術職など）
■選考採用
①免許・資格職（医師・薬剤師・看護師など）
②特殊専門職（文化財保護技師、楽員、研究職員など）
③技能・労務職（業務職員、管理用務員、家庭奉仕員など）
├──「同和雇用」
└──一般公募（95年度より実施）

った。

京都市は、市民の批判に押され、一九九五年度から選考採用と並行して、公募による採用もはじめている。私は次に、公募による採用者数の公開を求めた。選考採用の対象職種である技能・労務職の全選考採用数は判明しているので、公募分を差し引けば必然的に「同和」分がわかることに気がついたからだ。だが、甘かった。またしても人事課からの回答は「文書不存在」。そんなばかなことがあるのか。市民に向けて公募しておきながら、それによる採用者数が明記された公文書が存在しないなんてことが許されるのか。

もちろん京都市として人数を把握していないということではない。「公文書」として残していないということなのだ。人事課ではこう説明する。

「同和であろうと公募であろうと採用してしまえば両者を

区別する必要性はないので、そういった公文書を作成していないが、それぞれの人数を記録した『覚え』（メモ）ならある。だが、これは公文書ではないので公開請求の対象ではない」

私の公開請求のあと、人事課では議会提出資料として「覚え」をもとに公募採用者数がわかる資料を作成している。この資料はその後、私にも公開された。一九九七年度の技能・労務職選考採用者数は一六八人で、うち公募による採用は八七人（公募率五一・八％）。九八年度は採用者数一三〇人で公募によるものは七〇人（五三・八％）となっている。

全市の新規採用者数が一九九七年度は四四二人、九八年度は三八三人なので、新採者の中で「同和雇用者」が占める割合はおよそ一六～一八％にもなる。

公務員不適格者を採用——京都市が明言

ところで、京都市みずからは、「選考採用」が生み出している弊害についてどう考えているのか。ある公文書には次のような興味深い認識が示されている。

「現行の『雇用』（同和対策として行われている選考採用のこと——引用者註）による採用方法は、自立に向けた諸条件が整いつつある住民（同和地区住民——同）が、『雇用』による就労を選択することにより、結果として多様な分野への進出の可能性が阻害されるおそれがあるなど、住民の自立に向けた主体的努力を損なうことになりかねず、また、公務員の募集・採用の方法等を市民にわかりやすいものとしていく必要もある……」

これは一九九五年度からの技能・労務職の「選考採用」に一般公募枠を設け、募集案内の広報をするときの内部文書で述べられている認識である。要するに、現状の「選考採用」は地区住民の自立に役立つどころか、むしろ安易な就職口になっている面があり、市民の不信を呼んでいるという認識なのだ。これは、市の同和行政の見直し作業のために出された同和問題懇談会の「意見具申」（一九九六年一一月）よりもはるかに突っ込んだ分析である。

「行くとこ（就職先）がない。仕方ないから公務員にでもなろう、そう言って選考採用で京都市職員になる人もいるんですよ」

以前、解放同盟京都市協の役員を務めたこともある人物が、自嘲気味にそんな話を私にしたことがあった。社会と同和地区の実情が大きく変わった今日においても同和対策事業が変わりなく引き継がれた結果、さまざまな弊害を生んでいる。とくに「選考採用」の場合、地区の子どもたちにマイナスの影響を及ぼしている面が強い、進路選択において「行けるところがなかったら市役所にでも行けばいい」という安易な風潮が広がってしまった、という意見だった。運動団体、あるいは市民に向かってはともかくとして、京都市当局内ではそのことをはっきり認めているのだ。

また、京都市はべつの文書で、選考採用の採用基準のでたらめぶりについて、驚くべき「告白」も行っているのだ。

「いわゆる『雇用』については、平成七年度から見直しを進めているところであるが、平成九年度採用分からは、一般公募枠を大幅に拡大するとともに、選考方法に改善を加え、公務員としての適性を備えた者を採用するよう見直しを行ったところである」（一九九七年四月、副市長名で出された「同和行政の改革を進めるに当たって（依命通達）」、傍点引用者）

こういう通達を出さざるを得ないということは、換言すると、今まで「公務員としての適性に欠けていた者」も採用してきた、ということを意味する。現実に選考採用市職員によってさまざまな大事件・珍事件が引き起こされているわけなので、市が認めなくても、事実このとおりなのだが、市みずからも、そういう認識であると示したのは重要である。

だが、ここまで不正常な事態を認めても京都市はまだ、選考採用の実態の詳細を市民に説明しようとはしない。ここ数年、選考採用は市政の重大問題としてとりざたされてきた。その是正の必要性は、議会決議や同和問題懇談会「意見具申」、そして同和対策室の見直し方針などにも明記されてきた。しかし、現実にはその制度の実態を知り得る公文書はほとんど何も存在していないのだ。いわば市民の不信の的となっている選考採用について公表できる資料を残さないのは、意図的な実態隠しであり、逆に言えば、市民には公表できない真相があるということか。

一九九八年九月一七日の市議会本会議で答弁に立った桝本市長は、「選考採用はすべて公募とし、『同和雇用』は平成一四（二〇〇二）年度までにやめる」と明言した。二〇〇二年三月三一日までやること自体大きな問題だが、時期を区切って全廃を決めたのは、市民の批判をこれ以上無視できないとの判断からだろう。だがやめるだけでよいのか。たんに就労の安定などの役割を終えたからやめなければならないのではない。この制度は有害なのだ。また、たとえ「公募」枠が増えたところで、その選考内容自体は公にされていない。これまで市政にどんな問題を起こし、「同和」への市民の意識をどう歪めてきたか、そしてどれだけこの制度で不当に肥え、また泣かされた人びとがいるか、すべて闇に沈めたまま幕引きさせてはならない。

〔追記〕

その後の取材で、一九九八年七月現在、選考採用で市職員になった技能・労務職の全在職者数が六五八六人になることも、公開された資料によって明らかになった。この中には、「同和」以外の選考採用者や、九五年度からはじまった一般公募で採用された職員なども含まれており、この人数がすべて同和選考採用者とはいえない。逆に、いったん「同和」で採用されたものの数年後には転任試験を受け、一般事務職に移る同和選考採用者も多いので（過去五年間をみると転任試験合格者は毎年三〇人前後）、正確な同和選考採用者数の累計はつかめない。だが、京都市の全市職員数が約一万九〇〇〇人なので、少なくともその四分の一から三分の一近くが同和選考採用者であると推測できる。

職員のなかに同和地区出身者が多いこと自体、問題視する理由はないが、これだけの人間が、市民の監視の及ばないところで雇われてきている現状は、あまりにも異常だ。前述した「公務員としての適性を備えた者を採用するよう見直しを行った」（一

任命権者	職種	現人員数
市長部局	電話交換手	58
	作業員	234
	家庭奉仕員	93
	調理師	115
	ごみ収集員等	1367
	直営班員・電工	125
	その他技能労務職	340
	合計	2332
消防局	技能職員	11
	業務職員	17
	合計	28
交通局	運転手	1335
	車掌	7
	技工員	101
	高速運転士	160
	助役	181
	その他技能労務職	11
	合計	1795
上下水道局	技能職員・業務職員・点検員	1369
教育委員会	管理用務員	522
	給食調理員	540
	合計	1062
総計		6586

＊昔，「雇用」以外で採用されたものや，現在の一般公募制度で採用されたものも含んでおります。

選考採用による市職員の職種別人数（1998年７月）

九九七年「依命通達」）という選考実態と重ね合わせて想像すると、市政が深く歪まないほうが不自然だ。まったく表には現れないところ、非公然、「闇」の部分が体制化してしまっているのだから。

「役人村」になった同和地区

前節で京都市職員の四分の一から三分の一が同和選考採用者であると述べた。別の角度から言い換えると、「選考採用」によって市内の同和地区は、さながら「役人村」になってしまっている。市同対室が一九九三年に行った同和地区生活実態調査によると、地区内の有業者のうち、なんと四一・九％（男＝四六・四％、女＝三五・九％）が官公庁に勤めていることになっている。地区によっては五〇％を超えるところもある。官公庁といっても、京都市の選考採用者以外の公務員も当然含まれるが、全体の率に有意な影響を及ぼすほど大勢いるとは考えられない。他市県と比べると、京都市の異様さははっきりする。府内の同和地区では八・〇％、近畿の同和地区でも一三・一％でしかない。

なお、留意しなければならないのは、これらの数字は市の調査実施時に地区内に居住している住民のみを対象としたものだ。就職後、地区外に転居した住民は含まれていない。同和対策事業によって、地区《まち》そのものが、鋭角に歪んでしまっている。

運動団体からみた選考採用

一九九八年八月のある日、九〇年代前半まで運動団体側の担当者として同和選考採用に深くかかわった元幹部を訪ね、その実情を聞くことができた。インタビューには匿名を条件として応じてもらったので、ここではZ氏と呼ぶことにする。

――選考採用はどのような手続き、流れで行われるのか。

Z　年明け早々の、そう、松がとれた時期かな、一月中旬から下旬にかけて、その年四月以降の採用について当局から、人数、職種が提示される。この採用枠は単年度分ではなくこの先二年度分だ。当局が何にもとづいて、その人数、職種を決めていたのかはわからん。ぼくがかかわっていたときは、それに対して、人数が少ないとか、こ

同和地区の有業者のうち「官公庁」勤務者の割合

京　都　市	41.9%（1666人）
京　都　府	8.0%
全　　　国	9.4%
近　　　畿	13.1%
政令指定都市	14.0%

京都市同和対策室「同和地区実態把握等調査総括報告書」より作成。なお京都市の全有業者に占める「官公庁」勤務者の割合は6.3パーセントである。（総務庁統計局「平成4年就業構造基本調査」による）

の職種はあかんとか注文をつけるということはなく、「それで結構です」ということでもらった。だいたい二年分で五〇〜六〇人だったな。
　採用時期は四月だけでなく、その年の四月、七月、一〇月、次の年の三月と、年間四回くらいに分けられている。

――試験は年四回やっていたということか。

Z　いや、試験なんてあれへんかった。

――そんな馬鹿な、試験もなしに採用を決めていたのか。

Z　まあ一応、簡単な面接と、現業職ということで体力測定があったが、それは試験と呼べるようなものではなかったし、受けるほうもそういう認識はなかった。履歴書を提出するだけでよかった。「雇用」（同和「選考採用」）専用の申込用紙のようなものもなく、市販されている履歴書を書くだけやね。まともな試験が行われるようになったのは、最近になってからや。
当局から採用枠が示されると、これを組織に持ち帰って、各支部に割り振ることになる。割り振る基準は、その支部の前年度の奮闘ぶりと組織規模、さらには地域内での対立団体との力関係等々だったな。支部に割り振ったあとは、だれを推薦するかということについては各支部に一任していた。

――支部ではどうやって推薦者を決めるのか。

Z　まず支部員であること。第二は支部員として頑張っている人の子どもやな。さらに、支部員として頑張っている人の紹介者。紹介者とはその人のいとことか、親戚の子とか、そういう人。これは支部員でない場合もある。
一応京都市の同和対策の対象は属地属人主義ということやが、推薦者のなかには、地区出身者でも居住地が地区外というもんもおった。ただし、地区と何の関係もないもんが推薦されるということはなかったと思う。

――推薦を受けるのは若い人ばかりか。

Z　ぼくのやっていたときはそうやった。高校を出てすぐとか、卒業直前の人とか。いま組織には若いもんも大勢いるが、市に採用されるのが目的で加入してきているもんがほとんどというのは、残念ながら事実やな。本人というより、支部で頑張っている大人が息子、娘、甥っ子、姪っ子を市に入れるための手段としてそうさせている。

極論かもしれんが、支部で頑張っている人は、部落問題の解決云々というより、自分の身内の就職のためにやっている、そういう動機の人が多いやろな。わたしはこれだけ頑張っているのやから、うちの息子を入れてもらうのは当然や、そうしてもらわんとかなわんわと主張する人はぎょうさんおる。地域の実態からみて、基本的にいまの若い人が解放運動に参加する必然性も動機もないと思う。

——ある支部の青年部には約八〇人いるそうだが、しかし全支部で二年間に五〇〜六〇人という程度の枠だったら、組織に入ったものの自分の推薦の順番が回ってくるまで数年待たなければならないということになるのか。

Z　そうやろな。八〇人のうちすでに市に入っているもんもいるので、全員が「待機組」というわけではないが。この点で組織の問題として言いたいのは、高校なり大学なりを卒業したけれども思うような就職口がないという人が地区におるとする。ところが自分の地域には公務員になれる窓口、解放同盟であろうと全解連であろうと、とにかく窓口がある。いい悪いはべつとして、その人が市に入りたいと思えば、そのために運動団体に入るということはありうると思うし、そういった人を運動団体の側も受け入れるということもありうると思う。ただし問題なのは、市職員になるまでの一年か二年の「待機」のとき、その人を迎え入れた組織として、組織の理念や方針をきちっと伝え、ある意味では不純な動機で、つまり就職の窓口で入ったけれども、本来そういう団体ではないんだ、そのための運動ではないんだという意識をもたそうとしてきたか。そういう問題がある。しかし現状は逆で、二年待ったけどあかんかった、けど来年は必ず入れるからもうちょっと頑張ってくれ、そういう引き留め方をしている。

――その少ない枠をめぐって支部内でもめるということもあるのか。

Z　そういうことも過去に何回かあった。二月か三月に市協から各支部への人数の割り当てが終わったあと、支部がもめ、その年の夏前くらいまで支部が立ち上がれない状態になることもあった。そうするとな、青年には純粋なところがあって、就職のためにに組織に入ったけれども、まじめに支部の活動に参加する人もいる。そんな人のなかには、組織の活動は面白いけど、採用をめぐっておっさん連中がもめておることに嫌気さして組織から離れていった人もいるな。

地区住民が要望しているのか

――運動団体にとって「選考採用」はどういう意味があるのか。これを手放すといまの組織は維持できないのか。

Z　ぼくが在任中論議していたのは、「雇用」というのは、早くやめなければならない性格のものだ、ということとやった。対立する運動団体との対抗上、こちらにも「雇用」の窓口を開かせるよう行政に要求していったのは、当時（一九七〇年代半ば）の情勢のもとではやむを得ない面があったことは認める。また、地区の中高年層、あるいは三〇代の人も失対で働かざるを得ない状況で、そういった人を現業であっても公務員にすることで経済の安定、生活の安定に一定の効果があったことも事実やと思う。実際に市職員になった人のなかには、生活が安定したことによって、経済面だけでなくいろんな面で立派に自立した人間になった人は大勢いる。かれらにとっては、まぎれもなく「雇用」は大きな力になった。しかし、効果があっても適当な時期にこの制度の見直しができなかったのは厳然とした事実やな。

ぼくは思うのだが、運動団体として、地区住民の就労状況が悪いのであれば、「雇用創出」の運動をやればよい。京都市内には多くの大きな企業がある。そういう企業に働きかけて働き口を増やす運動をやればよいと思う。一九六二年に伏見の大倉酒造が中卒者を対象にした就職説明会で「部落民と朝鮮人は採用しない」と言って大きな問題になったことがあった。それをきっかけに就職差別反対共同闘争が全国的に発展していった。そういった国民的な運動の流れをここ京都からつくりだしていった先進的歴史がある。だがその運動の成果を広げる努力は十分ではなかった。京都市に入る窓口をいったん手に入れると、それがすべてになってしもた。住民を京都市に就職させてしまうのが運動の役割としか考えなくなった。「雇用」に効果があったことは事実だが、運動と住民の意識を歪めてしまったマイナス効果のほうが大きかったかもしれんな。

「雇用」というのは一種の「権力」やね。その権力の前で住民がものが言えない面は否定できんわ。いまあの幹部に逆らうようなことを言えば、来年自分の順番は回ってこんようになる、一年遅れるとかね。何か支部の取り組みがあったとき、それに参加するのを断った場合、自分の点数が悪くなると考えるようになる。実際にその支部が、そんなことで「雇用」の順番の上下を決めているかどうかは別にして、そう思わせてしまう構造を「雇用」は地区内につくってしまっている。だから支部の方針に反対意見をもっていても、役所に入るまでは黙っていよう、ということになる。

――「選考採用」をいつまでも断ち切れない理由は何か。

Z　たとえば職免や補助金の場合、断ち切ったとしても、市協や支部の活動に影響が出るかもしれないが、個人の生活に影響することはない。ところが「雇用」は断ち切ると確実にその影響を受ける人、つまり市に入れない人が出てくる。現に何年か先まで「待機」しているんやから。そこは大きな違いであり、大きな困難だ。

しかし忘れてはならないのは、市内のどこの地区でも解放同盟、全解連あるいは自由同和会、この三団体の会員を全部合わせても、地区では一握りの割合でしかないということや。圧倒的多数は運動とかかわりをもたない人。そういった住民にとって、「雇用」をはじめとするいまの運動は、どういうふうに映るかということを考えてみるべきだろうな。自分とこの組織としては根幹にかかわる重大問題かもしれないが、しかし地区の中でも「雇用」は合意が得られている制度なのか、本当に望まれている制度と言えるのか。まして地区外の市民の目にどう映っているか。

「選考採用」という差別

——京都市のほうから、たとえば本当に就職に困っている人を推薦してくれ、公務員としての適性を考えてくれといった要望を受けることはなかったのか。

Z そういうことはいっさいなかった。すべて運動団体まかせや。京都市が唯一断ってくるケースは、健康上の問題やな。とくに胸の病気をもった人。それ以外は事実上フリーパスや。「雇用」がはじまった当初は、地区住民の生活の安定という目的だったはずやけど、これまで話したように、いまの実態はそんなこと関係なしやね。

——採用される人の中には、こんなやつが公務員になるのか、と思わざるを得ない人もいるのか。

Z まあ、おるやろな、正直言って。現実にそのことでいろんな社会問題が起こっているんやから。ただし、ひとこと言いたいのだが、「雇用」で入ったすべての職員が悪いという言い方はしてほしくないな。悪いことをしているのは一握りの人間にしかすぎない。公務員がまじめに働くのは市民からすればあたりまえのことで、それ自体あえて強調するのはおかしなことだが、そういったことは知ってほしい。

いまの「同和雇用」はもちろんやめるべきだが、現業職の選考採用は、業務の性格からみて必要な面がある。しかし、選考採用であろうがなかろうが、意欲のある人なら自由に応募できて、市が主体性をもってその人を選考し、しかもその選考の基準がオープンにされる。そして、市の判断で雇い入れた職員が何か不祥事を起こしたときは厳正に対処する。要はそういう行政としてあたりまえのことをするかどうかやと思う。

京都市側としては、運動団体のもつ弱さにつけこんで、市民全体を対象とした雇用形式をとらんと、同和地区住民に限るとか議員推薦を必要とするとか条件をつけ、市民の中に分断を持ち込んでいる。それに乗ってしまう運動団体の責任は大だけど、それ以上に大きな責任は京都市側にあると思う。出自によって雇用の条件をつけるのは明らかに法の下の平等に反するのと違うか。団体の推薦を受けたもんだけが、他の市民を排除して、優先的に公務員になれるなんて明らかにおかしい。市は差別をするなと市民に呼びかける一方で、みずからはこのような差別をしているんや。そうと違うか。

第三章　「同和」の錬金術

I　黙認――脱税と詐取と無法開発

部落解放同盟やその関係団体（各府県の「部落解放企業連合会」など）を窓口にした税金の申告は、全面的に認める。調査が必要な場合も企業連と協力して行う。大阪国税局と解放同盟はこんな七項目にわたる「確認事項」を交わしている（別掲）。

これでは申告は事実上フリーパス、事前調査も事後調査も反面調査もない。したがって「脱税」のやりたい放題、「ゼロ申告」も珍しくない。そんなバカなことが……。いや事実だ。

一九六八年にまず国税局と大阪の解放同盟との間でこの「確認事項」が交わされ、翌年にこの「大阪方式」が全国的にも拡大されることになる。

昭和四三年一月三〇日、大阪国税局長（高木前局長）と大阪企業連との間にかわされた確認事項は、次の七項目である。

①国税局として同和対策特別措置法の立法化に努める。
②租税《そぜい》特別措置の中に、同和対策控除の必要性を認め法制化をはかる。それ迄《まで》の措置として局長権限による内部通達によってこれを処理する。
③企業連が指導し、企業連を窓口として提出される確定申告については（青白を問わず）全面的にこれを認める。
④同和事業については課税対象としない。
⑤国税局に同対部を設置する。
⑥国税部内において全職員に同和問題の研修を行う。この際企業連本部と府同対室と相談してこれを行う。
⑦協議団の決定も、局長権限で変更することが出来る。

（『解放新聞大阪版』一九六九年二月一五日付）

当然、こんなうまい話にはさまざまな利権集団が群がり腐敗の温床《おんしょう》になる。これまでにも何度となく巨額の脱税事件となって、その腐敗ぶりが表面化してきた。

次に紹介するのは、京都を舞台に最近起こった事件である。

一九九二年一一月、京都市内の会社役員（四五歳）が母親から一九億四〇〇〇万円もの遺産を相続した。ところが相続税が約一一億四〇〇〇万円にものぼることを知ったこの会社役員は、その翌年春、以前同社社員だった人物を介して部落解放京都府企業連合会（京企連）幹部のI氏（四九歳）を知り、脱税工作を依頼したのだ。

「同和」がらみの事件を記事にすることの少ないマスコミだが、『朝日』が「なにわ金融事件簿」という連載ルポでこの事件を取り上げている（一九九二年一二月七日付、「『幻の文書』脱税へ導く」というのがそのタイトル）。「なにわ金融事件簿」によると、脱税工作の依頼現場は次のようなものだった。

〈三年前の春、I被告はこの役員に一枚の文書を見せた。「幻の文書」がその姿を見せた瞬間だった。

「昭和四十三年一月三十日以降、大阪国税局長と解同中央本部及び大企連との確認事項」と題した文書は、七項目にわたって「企業連を窓口として提出される白、青色申告をとわず自主申告については全面的にこれを認める」、「同和事業については課税対象としない」ことが明記されていた。文書には署名も押印もなかった。

大企連とは、部落解放大阪府企業連合会のことだ。この組織を通じた税務申告は事実上フリーパスになる、つまり脱税が容易にできる、というのである。

「あなたには迷惑はかからない」とI被告は会社役員に言った。役員は、父親が亡くなった時にも同じような話を知人から聞いた。その時は相続税をきちんと納めたのだったが、知人は「税金が安くなる方法があったのに」と残念がった。その方法とは、大企連と同様の組織である京企連に頼むと、正規の税金より大幅に低い額の税務申告を請け負ってくれる、というものだった。〉

I氏は五億四〇〇〇万円でこの脱税工作を請け負う。ところがI氏はみずから工作することはせず、土木作業員S氏に四億円で「下請け」に出す。一億四〇〇〇万円をさや抜き、紹介料としてS氏から一億円取る。さらにこのS氏も不動産業者A氏に「下請け」を依頼。そうして九三年五月に左京税務署にもち込まれたときには、会社役員の申告書類は、課税対象二億七〇〇〇万円、相続税額約六〇〇〇万円になっていた。約一〇億八〇〇〇万円の脱税である。

しかしこの脱税は、京企連を通さずに申告したことから計画が露見《ろけん》、捜査の手が入った。裁判の結果、I氏は懲役二年罰金一億円の刑が確定している（会社役員や「下請け」先の土木作業員S氏、不動産業者A氏は九七年二月現在係争中）。ちなみに、土木作業員S氏に不動産業者A氏を紹介したのが、同和対策事業としての選考採用で京都市職員（教育委員会）に就職した人物だったのである。

存在した「幻の文書」

ところが事件を報告した「なにわ金融事件簿」の記事では、国税局と解放同盟との脱税に関する「確認事項」など初めからなかった、「確認書」は「幻の文書」だったとし、「文書」の存在を否定する国税庁長官と同盟側の見解をそれぞれ掲載している。

「特定の団体との間の確認事項といったものは存在しない」（一九九六年七月一日付、国税庁長官から国税局長に宛てた文書）

「『確認書』なるものが、あたかも存在するかのように吹聴されたり、一人歩きしていることについては、たいへん遺憾なことであり、残念でなりません」（一九九六年四

月一七日付、上杉佐一郎・部落解放同盟中央本部委員長が都府県連委員長に宛てた文書）

この両者はこれまでにも「同和脱税」が事件化するたびに、「確認事項」の存在を否定してきている。だが、いくら否定しようとも、その存在を裏付ける事件は跡を絶たない。

今回明らかになった事件以前にも、京都では総額二〇億円にものぼる「同和脱税」事件が起こっている。京都では一九八〇年度から、自民党系の全日本同和会に対しても大阪国税局総務部長は「組織によって差をつけるようなことはしない」（同事件で逮捕された同和会京都府・市連事務局長の供述）として、解放同盟と交わした「確認事項」の適用を広げていた。同和会幹部はこれを利用する。「正規の税額の半分を同和会にカンパし、すべてを任せてくれれば安くすむ」などと多額の遺産相続、譲渡所得のあった人を誘い、約五年間で三七人から七億三六〇〇万円もの金を受け取っていた。しかも「脱税」のつじつま合わせのノウハウを伝授していたのは、他ならぬ税務署自身だった——。

京都地検の取り調べに対し、逮捕された同和会事務局長は「同和脱税」の生々《なまなま》しい実態について供述している（一九八五年五月一六日）。

「私は以前、解放同盟に所属していた際、解放同盟京都府連の副委員長で京都企業連合（部落解放京都府企業連合会のこと——引用者）の理事長といっしょに、下京税務署にある個人の税務申告をする時いっしょについて行ったことがありましたが、このときは確か更正請求手続きであり、本来一億円ぐらいの税金のところが、千八百万円ぐらいにおさまりました。この時、領収証もないのにもかかわらず、経費落ちという理由だけで、約八千万円以上の税金をまけさせたものであり、それをみてすごいことをやるというように思いました」

総務庁地域改善対策室長として地対財特法の立案に当たった熊代昭彦氏（現衆議院議員＝自民党）は次のように述べている。

「国税についての問題点は、昭和四三年の大阪国税局長と解同中央本部及び大企連（大阪企業連）との間の『いわゆる確認事項』に端を発することはすでに説明した。この俗称『申告是認』を活用していると言われる企業連とは、解放同盟と関係の深い企業の連合会であるが、企業連の指導を受け、企業連を窓口として自主申告する者は、同和関係者ばかりでなく、一般の人も相当に含まれているとこの件に詳しい人たちは指摘している。なお、この大阪方式は、その後他の府県でも行われるようになっている。……

国税庁としては、申告是認はしていない、税務調査や強制力を持つ税務調査である査察も必要に応じてやっていると主張しているが、世論は十分納得していないように見える。いわゆる確認事項を背景として出される一括申告については、世論にこれだけの不信感があるのであるから、特に重点的に税務調査をしても、差別的な不利益な取り扱いということはできないのではないかというのが本件に関する多くの人々の意見である」(『同和問題解決への展望』中央法規出版)

現職幹部税務署員によると、幹部職員を集めた「同和研修」の際には、「税の執行機関は、七項目確認事項に誠意をもって対処しなければならない」と書かれた資料が配られている(比良次郎著・税務署オンブズマン編『税務署をマルサせよ』GU企画出版部)。

また、一九八〇年一二月、解放同盟大阪府連・上田卓三委員長と大企連・山口公男理事長の連名(各団体印付)で、大阪市内の税務署長宛に「要求書」が出されているが、「要求項目」の二番目には「七項目の確認事項については関係機関へ更に徹底されたい」と書かれているのだ（前掲書参照）。

国会での追及

自民党の野中広務衆議院議員（京都四区）もこの問題を批判している。野中氏といえば、「小沢一郎がもっとも恐れる人物」などと一部ではその気骨《きこつ》ぶりが賞《しょう》されるが、京都では彼の周辺にはたえずダーティーな噂が尽きない。また、地元船井郡では解放同盟系建設業者とも関係が深く、地元ではこれら業者を指して「解同野中派」と称されることもある。一九九六年の総選挙では同盟京都府連の全面的バックアップを受けて当選を果たしているが、ここでは野中氏の思惑《おもわく》は措こう。同氏は、この「同和脱税」についてはもっとも積極的に発言している国会議員の一人である。九六年四月に行われた与党三党の「人権と差別問題に関するプロジェクトチーム」の会合でこの「同和脱税」を問題にし、前記の上杉解放同盟委員長名の文書が出されたのも、この会議での批判をかわすのが目的だった。

一九九三年一〇月六日の衆議院予算委員会で野中氏は、「政治生命のすべてをかけ、私の命をもかけて」と大見得《おおみえ》を切ってこの七項目の「確認事項」のことを取り上げている。

野中　昭和四三年一月三〇日以降大阪国税局長と解放同盟中央本部及び大企連との確認事項が行われております。

……その後昭和四四年一月二三日、大阪国税局長と今度は解放同盟近畿ブロックとの確認事項が行われて、「申告については、大阪方式を他の府県にも適用する。執行の際には中央本部と相談する」、こういう確認事項が行われました。

同和対策事業特別措置法が施行された後、昭和四五年二月一〇日、国税庁長官通達をもって、この国税庁長官通達は、結局はこの四三年の解同及び大企連との確認事項を追認する形で、最後に、「同和地区納税者に対して、今後とも実情に即した課税を行うよう配慮すること」、これで、近畿地区だけでなく、全域に広がったのであります。

すなわち、これを利用することによって、今度は申告すればそのまま認めてもらえる、そんな器用なことがやれるんならおれも同和を名のろうということで、えせ同和がつくり上げられてきたことはご承知のとおりであります。……この問題が解決されないかぎり、私は政治改革の、そんなことが口にできる資格はないと思うのであります。

……私の生命をかけてこの問題の解決を迫るのであります。責任ある答弁を願いたいと思います。

藤井（大蔵大臣）　……この昭和四三年の話というのは、確かに（解放同盟などから）申し入れがあったということは承知をいたしておりますが、それは申し入れであり、……ただいまお話しの同和控除は、そのときは認められませんというふうに言ったと聞いております。

野中　そんなことを言うだろうと思ったんだ。じゃ、いま二五年間現に続いているじゃないか。これは大阪、近畿ブロックだけじゃないのよ。全国に広がっているのですよ。続いているのをどうするんですか。あなた方国税当局でそれぞれ勤務をされた人たちは、……それぞれの職場でみずからの良心と闘いながらこの問題をやってこられたはずだ。なぜこんなことがこのまま続くんだ、続くんだという自己矛盾と良心の呵《か》責《しゃく》に耐えながら、残念ながらそれをやらなければ差別だと言われる一言に押されて、二五年間押し流されてきたはずじゃないか。

……やってないというのなら、やってない証拠を出しなさい。……私の政治生命をかけ、命をかけるという以上、いくらでも材料は出してみせる。どこにどんな基金が積まれて、どこに預けられているかまで調べなければこんな質問できるか。もうちょっと腹のある、責任ある答弁をしなさい。……

藤井　……私はその一つひとつの事情についてはよく承知をいたしておりませんけれども、そういうことに対しては、もしありとせば、適正に執行するのは当然のことであると考えております。

ところで、野中氏はこの日の追及の中で、長きにわたる解放同盟優遇税務行政が次のような事態をも招いていると、注目すべき発言を行っている。

「一体これがどんな結果を及ぼしましたか。一つは、公共事業の発注にまでこれが及んできたのであります。この企業連を通さなければ、公共事業の発注について行えないような状況までやられてきたのであります。今ゼネコン問題がやかましく言われておりますけれども、そんなもんじゃないんであります」

「戦果」

「同和脱税」事件が発覚するたびに、七項目の「確認事項」問題が追及される。税務署員のさまざまな証言、内部資料が突きつけられているにもかかわらず国税局と解放同盟はその存在を否定する。しかし、いくら否定しようとも解放同盟自身、当時の機関紙『解放新聞』において、このことについてはっきり認めている。

一九六八年の解放同盟大阪府連と大阪国税局との交渉結果について『解放新聞』六八年二月五日付は「特別措置の要求を認める」という見出しで次のように報じている。

〈一月三十日、大阪国税局別館において、同盟代表百人余による国税局長以下部課長関係税務署長など四十五名を集めての交渉がもたれた。……その結果、国税局として次のような回答があった。

①国税局として「同和」対策を打ち出す。

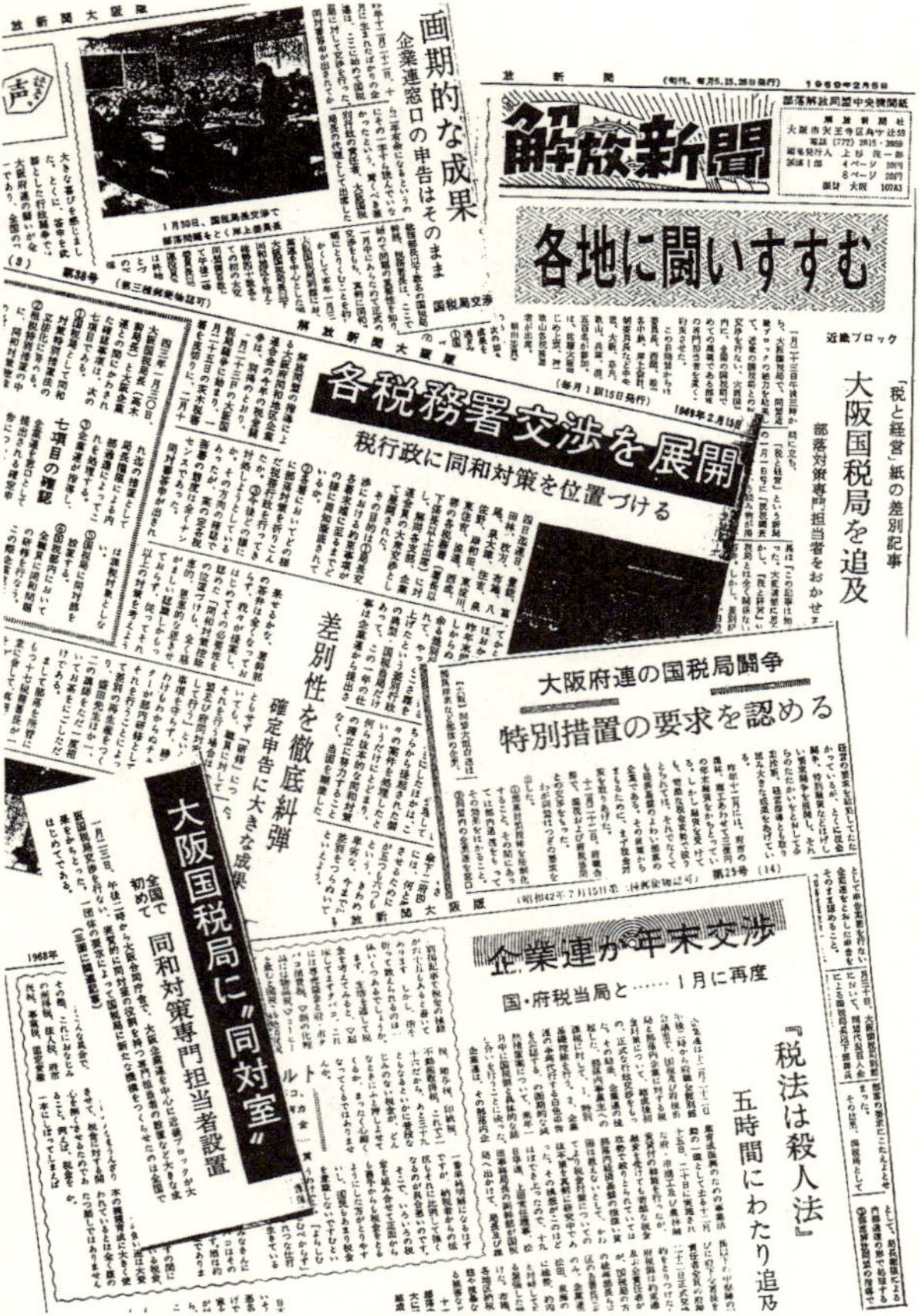
画期的な成果
企業連窓口の申告はそのまま

1月30日、国税局長交渉で
部落問題をとく（岸上委員長）

解放新聞

各地に闘いすすむ

近畿ブロック

「税と経営」紙の差別記事
大阪国税局を追及
部落対策専門担当者をおかせる

各税務署交渉を展開
税行政に同和対策を位置づける

差別性を徹底糾弾
確定申告に大きな成果

大阪府連の国税局闘争
特別措置の要求を認める

大阪国税局に"同対室"
全国で初めて
同和対策専門担当者設置

企業連が年末交渉
国・府税当局と……1月に再度

『税法は殺人法』
五時間にわたり追及

1968〜69年の『解放新聞』『同・大阪版』にあらわれた
国税局との「闘争と戦果」。

②租税特別措置の中に「同和」対策を折り込むために努力するが、それまでそれにかわるべき措置として、局長権限による内部通達の形で処理する。
③部落解放同盟の指導で企業連を窓口として出された白色申告および青色申告については、全面的にこれを認める、ただし内容調査の必要ある場合は同盟を通じ、同盟と協力してこれを行なう。
④「同和」事業については課税の対象としない。……〉
また、この日の交渉では同時に、税務申告書は一括して国税局へ提出し、国税局がこれを各税務署に送付することも決められている（『解放新聞大阪版』一九六八年三月一五日付)。

翌年一月二三日、これが大阪だけでなく、近畿一円に広がることになった交渉についてはこう報じている（『解放新聞大阪版』一九六九年二月一五日付)。

〈交渉には、朝田委員長を先頭に各中執、中央委員、奈良、和歌山、京都、兵庫、滋賀代表、大阪企業連から岸上理事長をはじめ三〇〇人が参加。国税局からは佐藤局長ら各課長、近畿の各税務署長が出席した。……佐藤局長は、①申告については大阪方式を他府県にも適用する。執行の際には中央本部と相談する……と回答〉

そしてこの記事には、「大阪方式」とは前年の交渉で大阪府連が勝ち取った企業連窓口の申告は全面的に認めることなどを定めた「確認事項」にもとづく「方式」であることまで詳細に解説、またその「確認事項」も別枠で掲載しているのである（本書一六九ページ）。当時、解放同盟大阪府連委員長としてこの交渉を指揮した岸上繁雄氏（全解連中央本部顧問）も同様の事実を明確に書き記している（『大阪国税局交渉の経過』私家本）。

部落内の劣悪な生活状況の反映であろう。一連の『解放新聞』記事を読み返しても、「確認事項」の取り交わしを、同盟ではたたかいの「戦果」としてとらえている。これで部落の実態を無視した画一的な税務行政からいくぶんなりとも解放される、といった安堵《あんど》感が伝わってくるのみである。だからこそ、堂々と報道できたのだろう。

不祥事の影に埋もれた「意見具申」

税務行政だけでなく、京都市同和行政に関しても、これまでに数々の事件が明るみになっている。

一九八三年一月に発覚した「三億円公金詐《さ》取《しゅ》事件」。当時住宅局改良事業室長が中心となって架空の書類をつくったり、土地転がしなどで公金三億円を詐取したもの。改良事業室長は公判で、「同和行政上必要な資金操作のためにやった」「これらの事情は市当局も知っている」と述べている。

その三年後にはまたも公金詐取事件が発覚。別の改良事業室幹部が架空の立ち退き移転補償費や営業補償費などをでっち上げ、虚偽の書類をつくって公金をだまし取っていた。市当局が認めているだけでも、五件二億円にのぼり、その他疑惑がもたれているものも五件三億円になる。

一九八六年から翌年にかけては、カラ接待、カラ出張事件が明らかになり、八八年には土地代金ピンハネ事件も起こっている。

一九八〇年代以降、訴訟など「事件」としてある程度公表されているものだけでも、これだけのものがある。いずれの場合も、その市職員個人が私腹を肥やすために犯した不正ではなく、詐取した事業室長が言うように「同和行政上必要な資金」捻出のために及んだものだった。つまり不正事件が起こらざるを得ない構造が、同和行政の中にあるというわけだ。また、無法開発などで「同和」の名が見え隠れする事例も枚挙《まいきょ》にいとまがない（湯浅俊彦他著『京都に蠢く懲りない面々』講談社＋α文庫参照）。

不正な実態が「事件」として明らかになれば、市民の批判にさらされ、抜本的に、もしくは多少は、同和行政が改善されるものだ。だが京都市の場合、改善のチャンスを行政みずから握りつぶすという愚行を行っている。

「三億円公金詐取事件」の年の六月、京都市は市長の諮問機関として同和対策事業検討委員会を設置する。従来の同和行政のあり方を見直し、今後の展望を出すための検討委員会で、委員長には磯村英一氏を迎えている。検討委員会は延べ一〇回の会議を経て一九八四年一〇月、「意見具申」を発表する。内容は、これまでの主体性の欠如した行政のあり方を批判し、同和行政の公開、地区内施設の地区内外への開放、個人施策への所得制限の導入など、当時としてはかなり思い切ったものだった。

ところが「意見具申」発表直前、京都市はこの画期的な内容すべてを空文化してしまう一文の挿入を検討委員会に強制する。委員の一人だった馬原鉄男氏は次のように証言している。

〈そしていよいよ「意見具申」を提出する朝のことです。磯村さん（検討委員会委員長）ともう一人の東京の委員が新幹線で京都に来る途中、「解同」の幹部が新幹線に乗り込んできました。そして「あとがき」を付けろと要求し、とうとうそれを認めさせたのです。

その「あとがき」は次のようなものでした。

「本意見具申を策定するに当たって、京都市や関係行政機関の資料及び関係者の意見等を十分に参考にしたが、同和地区住民の方々の意見を徴《ちょう》することができなかった（解放同盟は当時、意見聴取を事実上拒否していた――引用者）。したがって、京都市におかれては、今後、提言された個々の施策を実施するに当たって、同和地区住民の方々の意見を広く徴しながら十分協議し、行政の主体性と責任において進めることを望むものである」

いわば、「解同」の意見を聞きなさい、というものです。この要求を京都市当局も呑《の》んでしまいました。私のところにも、その日の午前中に「実はこういうことになった。何とか認めてくれ」というわけです。認めなかったら、せっかくの「意見具申」が流れてしまうわけです。私は本当に内心、はらわたが煮えくりかえるような感じがしたのですが、認めざるを得ませんでした。〉（「京都市の同和行政のあり方を問う」『ねっとわーく京都』一九九三年二月号）

そうして「意見具申」はその先見性にもかかわらず、その後の同和行政に何ら生かされることなく、日の目を見ることもなく忘れ去られたのである。

規制の抜け道を市が用意

最後に、「同和」に対する京都市の姿勢を象徴的に示す現在進行中の事例を紹介する。

京都市山科区九条山のふもと。京阪「九条山」駅ホームの西側に続く階段に電光板が出ている。「曲数が多い。新曲が早い……」と宣伝文句が流れる。一九九六年夏オープンしたカラオケルーム「ビートウエーブ」だ。店はそのすぐ山手にある。しかしこの一帯は、風致《ふうち》地区第一種地域、市街化調整区域など、厳しい開発規制の網がかけられている地域なのである。カラオケルームどころか、小屋一軒新築することもできない。明らかに違法開発だ。しかしなぜ平然と営業ができるのか。ここで主役を演じるのは部落解放同盟中央本部委員長・上田卓三氏と関係の深い建設業者である。

この違法開発、伏線がある。話は六年前の夏にさかのぼる。一帯の山林一・六ヘクタールを開発して「アクアパーク東山」というレジャープールがオープンした。本来この地域での開発を行うことはできないが、当時の田辺朋之市長が策定した「ゴルフ場開発指導要綱」の五ヘクタール未満のスポーツ施設なら許可できるという規定により実現した。

ところが水の季節が終わったその年の九月中旬から、プールの管理棟（約七八〇平方メートル）内に焼肉レストランが突然オープンし、周辺住民を驚かせた。同棟面積の半分以上を占めるものだった。当初の開発計画にはなかったものなのである。

風致地区、市街化調整区域内でなぜこのようなレストラン営業が認められるのか。しかも、当初の開発計画にはなかったものなのである。しかし、京都市としてはこれを追認する方針を示す。

「プールに付属する施設なら認めないわけにはいかない。逆に規制する根拠もない」（住宅局指導課）

プール利用者のための軽食や飲み物を用意する食堂ならまだ話はわかる。だが営業の実態は完全に独立したレストランでしかない。北側の東山を通る東山ドライブウェイ沿いにメインの出入り口があり、プール利用者に限定した建物のつくりではない。

違法営業しているカラオケ店（右）と敷地内での開発行為を禁じる市の看板。

そもそもプール営業をしていない冬や、夜間にだけ開いているレストランのどこが「プールに付属する施設」なのか。これでは、とりあえずスポーツ施設をつくるという名目で規制区域内の開発許可をとり、後は何でも建ててしまう、ということが可能になる。法と行政指導の抜け穴を悪用する行為だ。だが、京都市はその「悪用」にさらに抜け道を用意する。

「パターゴルフの施設など冬の間も利用できるようなものを設置するよう指導し、営業時間や形態など焼肉レストランが主にならないよう指導している」

（建設局開発指導課）

　そして一九九六年、焼肉レストランに続き、やはり「アクアパーク」内にカラオケルームがオープンしたのだ。さすがに今回は京都市も「カラオケは

（プールと関係する）レジャー施設ではない。調査しきちっと指導する」（岸田都市建設局土木部長、一九九六年一一月市議会普通決算特別委員会）と言う。だが、焼肉レストランを認めた前例もあり、どこまでその方針が徹底できるか疑わしい。事実、「指導する」と土木部長が明言して二ヵ月経った現在も、カラオケルーム「ビートウエーブ」は堂々と営業を続けているのだ。

このプールなど一連の施設を開発したのは部落解放同盟の上田卓三委員長と関係の深い、N建設株式会社（大阪市東淀川区）だった（施設の運営は系列の株式会社Nエンタープライズ）。同社のプロフィールを紹介しておく。

一九八四年一一月二日、大阪市内のホテルでN建設社長の長女の結婚披露宴が開かれた。出席した岸大阪府知事は祝辞の中で「社長は上田代議士（卓三、社会党衆議院議員）の宗教部長」と二人の親密ぶりを紹介。披露宴の乾杯の音頭は井上一成社会党代議士で、媒酌人は松本大圓清水寺貫主がつとめた。当時の列席者はこの他に、上田卓三氏、井上信也摂津市長、小坂貢大阪府中小企業連合会（中企連）事務局長ら、部落解放同盟・社会党系の要人が顔をそろえている（『中外日報』一九八四年一一月九日付、肩書は当時のもの）。

また、N建設社長の実兄も「大阪府同和建設協会」の初代会長を務めた人物だ。同和建設協会とは、一九七〇年に「解放運動の自主財源獲得の基盤として重要な役割のいったんを果たすべく設立」された団体。「解放同盟大阪府連の指導と協力」のもとに活動する。そして大阪府内の全市町村で行われる同和対策の建設事業の一〇〇パーセント、額にして約五〇五億円を同和建設協会が受注（一九七三年度）したり、加入業者と暴力団との癒着が取り沙汰《ざた》されたりしている団体でもある——。

「同和」の前には、行政は無法も黙認するしかないのか。そう市民に批判されても反論できないだろう。

Ⅱ　饗宴──同和対策室の帳簿

天皇の逝《ゆ》く国で

　手元に「63同和対策費」と書かれた帳簿（コピー）がある。一九八八年度当時の京都市同和対策室の「接待」の記録だ。たとえばそこに記載された二月分の支出のうち、飲食店関係で一万円以上の項目を抜き出してみる。

　二月二日（木）モリタ屋（肉料理）＝九万六〇〇〇円、三日（金）天狗（居酒屋）＝一万一五八〇円、ふじ乃＝二万九〇〇〇円、四日（土）やまおか（割烹《かっぽう》）＝一万六二〇〇円、一五日（水）祇園《ぎおん》ひばなや（ふぐ料理）＝一一万九九〇〇円、一七日（金）おせき＝一万一五〇〇円、二一日（火）ナウ（スナック）＝七万円、二二日（水）河道屋＝一万五〇五円、サタン（スナック）＝三万一〇〇〇円、二五日（土）シスターハ

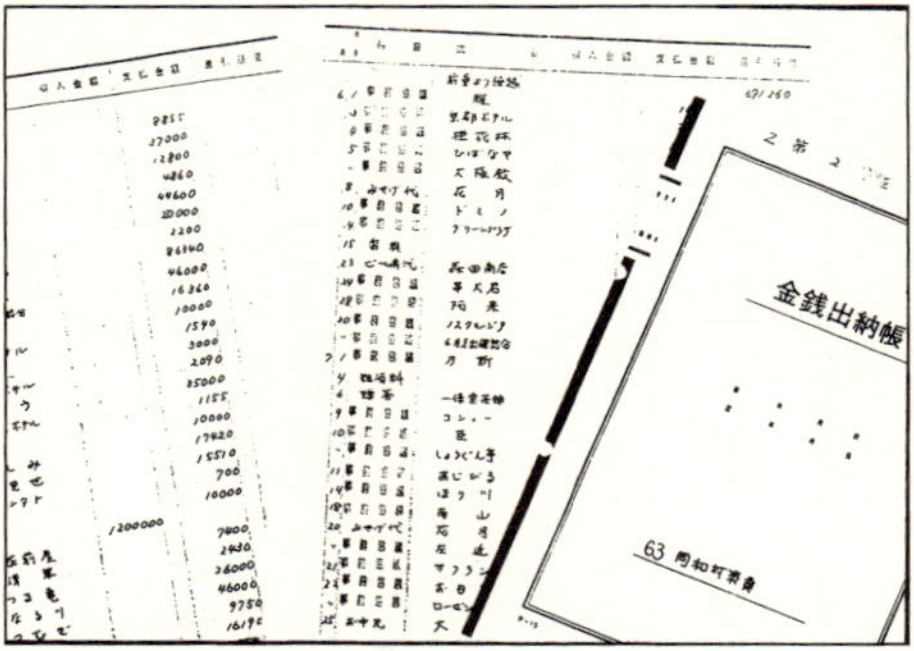

同和対策室の帳簿

ウス（キャバレー）＝一万一六一〇円……。

祇園の料理屋、スナックなどの名前が並ぶ。いずれも「事前協議」、つまり同和行政の内容・進め方について京都市側と運動団体役員が話し合うための支出として記録されている。

この月の一万円以下の飲食費も二八件四万七四五五円、みやげ代・餞別《せんべつ》・ビール券代などの名目で四万四一五五円がそれぞれ支出されている。文字通り連日連夜飲み歩きながら市職員は運動団体役員らと会議していたことになる。ちなみにいま例に挙げたこの月、すなわち一九八九年二月といえば昭和天皇の大喪の礼が行われる（二四日）など、日本中が異様な「自粛《じしゅく》ムード」で包まれた時期でもあった。皇室の誰かが重病、あるいは死亡したという理由で、何か特別な行動を強制されることには私は反対である。しかしそれにしても世間の風潮におかまいなく市担当者と運動団体幹部が飲み続けていたと聞くと、やはりその「どん欲」ぶりにあきれてしまう。

これらの金を同和対策室は「報償費《ほうしょう》」として処理している。「報償費」は、その使《し》途《と》を明らかにすることも、領収証を提出することも、さらには事後報告をすることも必要なく、同和対策室長が自由に使うことができることになっている。一九八八年度、同和対策室の「報償費」は三四〇〇万円。そのほとんどが「事前協議」を名目にした運動団体役員相手の「接待」だった。その回数、一年間で日曜、祝日も含め計三九九回にものぼる。

これは公金の不正支出だとして市民一六人が、当時の今川正彦市長、森脇史郎市同対室長を相手に三四〇〇万円の返還を求める訴訟を起こした。

「脱税指南」や公金詐取事件に比べれば金額は少額だが、支出先が記されたこの帳簿の行間からは、現在にもつながる京都市同和行政の腐朽した実態をかいま見ることができる。

市長選挙のさなかの一九九六年二月一六日、中野代志男・市総務局総務部長が京都地裁の証言台に立った。八八年当時、「報償費」の管理に直接たずさわる同対室管理課長をつとめていたからだ。

「同和問題解決のために、地元関係者と協議が必要であった。(報償費の支出は)公務の円滑な執行に必要とされる場合に限っており、なおかつ社会的常識の範囲内で行った」と証言する同氏だが、原告側からその接待の具体的な内容を聞かれると、「わからない」「記憶にない」としか答えることができない。

たとえばこんな調子だ。

――これは天壇西院店(焼肉店)の領収証ですね(同対室の帳簿では四月八日、同店で同対室と運動団体役員との「事前協議」が行われたことになっている)。これには誰が出席したんですか。

「わかりません」

――市側もわからないし、相手方もわからないんですか。

「そうです」

――会合の内容もわからないんですか。

「わかりません」

――すると、どういう内容の会合だったんですか、あなたは（担当課長から）聞いた（会合の）内容をどこかに備忘しているんですか。

「その当時は聞いて確認しておりましたが、現在は記憶にございません」


その日、誰の出席のもとどんなテーマで開かれどのような話し合いが行われたのか、いっさい資料は残っていないという。中野氏は、この焼肉屋天壇西院店での「事前協議」の内容を答えられなかっただけではない。一年間に行われた約四〇〇回の「事前協議」で市は誰と何について話し合い、何を決めたか、ただの一件も明らかにできなかったのだ。

京都市側の説明によると、当時同対室では、同和対策事業に関連して「地区関係者」すなわち運動団体役員と「折衝《せっしょう》」(「事前協議」など)することが日常的にあり、その「折衝」を円滑に行えるよう飲食を伴う場合も多かった。またこれらの「折衝」は緊急に必要になることがしばしばなので、あらかじめ同対室長が資金を受領し、そこから「報償費」として支出していた。支出の際、領収証が必要だが、それが困難な場合は担当課長がその内容をチェックして「支払証明書」を書き領収証に代える、という方法がとられていた。

しかし市民一六人の原告は、これらの支出は具体的な民生事業があるわけでもなく、それに対する支払い義務もないものだ、と主張する。使途も明確ではなく、領収証も事後報告も必要としない「報償費」の実体は、同対室長のいわゆる「つかみ金」である。担当者によって事実上自由に使える公金の存在がゆるされるはずがない、と——。

役所などの会議室ではなく、なぜわざわざ祇園の料理店やスナック、キャバレーなどで、ほとんど連夜のごとく「事前協議」しなければならなかったのか。原告ならずとも誰しももつ疑問だろうが、同対室にはその理由、当日の協議内容に関する資料は一片も残っていないのだ。

この疑問に対して、当時の同和対策室長の森脇史郎氏は法廷で、次のように答えている（一九九六年六月二一日）。

――スナックで会合せんといかんような会議の内容というのはあるんですか。単に飲んで歌うだけじゃないですか。

「事業を進めていくときに、とくに運動団体の場合は非常に住民の行政に対する要求を抱えているわけです。（しかし）行政はその通りにはできませんので、いろんな形の調整が何度も繰り返されると。運動団体の幹部もいろんな形でそれらの要求を調整していただくというケースが多々ありました。それでいろんな問題に整理がついた段階で、一つの謝意を示すというか、そういう形でスナックへ行くというケースはあったと思います。それも頻繁にはなかったと思いますけど」

――頻繁にはなかったというのは嘘でしょう。これはあなたのほうで出された資料を一覧表にしたものですが（本書二〇八～二一〇ページ）、これを見ると、月曜から金曜までほぼ毎日飲み食いがされているし、多いときは一日二回、三回やっているでしょう。

すから」

「一人がやるというんじゃなしに、室全体の交際費的なものとして使っていたものですから」

——必要があれば飲み食いも公費でどんどん出していいということですか。

「的確、常識の範囲という形で。無謀なむちゃくちゃな形はいけないと思います」

——だけど祇園のスナックで飲むということは常識の範囲ですか。

「それは、そこにカラオケがあったかと思いますけれども、それを目的という意味ではなしに、そこで話もするし人間関係をつくるという形で、円滑に仕事をするための必要な部分であったと思います」

——市民の声を聞いて行政を進めるという点では、同和行政に限らないと思うんです。公園をつくってほしい、保育所をつくってほしいと、いろいろな要求がある。運動団体の人に理解をしてもらうのはあたりまえだと思うんですが、それが何で飲み食いになるのかわからないからお聞きしているんです。

「……」

——運動団体と京都市の交渉は何度も行われているでしょう。そういうところでは同和対策室長、民生局長も含め、場合によっては市長も出て、京都市の同和行政はここまでしかできません、あるいは来年度はこうしますということを、何回もやっているわけでしょう。

「（うなずく）」

――何回も公式の場でやっているんですよ。なおかつ、個別に運動団体の人と飲み食いしながら話をしなければならない必要性がわからないからお尋ねしているんですが。

「……」

同和対策の手法

ある運動団体関係者に会った。彼は私が見せた同対室の一九八八年度の「帳簿」（コピー）をめくりながら、鉛筆で次つぎと印をつけていく。

「これがわしが同対室から受けた接待や。これは森脇さん（同対室長）の行きつけのスナック、こっちは野口さん（同盟市協議長）のお気に入りのふぐの店やな」

彼の話によると、夕方、同対室長に会いに行く。情報交換するためだ。いろいろ話し込むうちに五時が過ぎる。すると室長のほうから「ちょっと、めしでも……」と誘われて市役所近くのすし屋に何回か行った。勘定は室長がした。一回の支払いは万単位のことが多かった、と言う。

「接待を期待して室長に会いに行っていたわけやないが、その場の流れでそうなってしまうことがときどきあったな」

京都市による運動団体役員らに対する「接待」が問題になったのは、この「つかみ金訴訟」だけではない。いわゆる「架空接待」で市民から二回にわたって訴えられている。

一次訴訟は、一九八五年度京都市に視察に来た他府県の同和対策関係職員を京都市同和対策室職員が一二回にわたり接待し、約七〇万円を支出したのは違法支出だという訴え。他府県から該当職員が視察に来た事実も接待した事実もなく、実際には「事前協議」と称して京都市の運動団体役員を「接待」していた。

「名目は架空だが、実際には会合は行われており金額も架空名目のものと一致している。行われた会合も同和対策のために有益なものだった」と市は開き直った主張を法廷内外で繰り返した。

これに対し、地裁判決では「虚偽架空の事実に基づく公金の支出は当然違法、市が主張する（実際に行われたという）会合についても稟議《りんぎ》書や報告書など裏付ける資料はなく、会合があったとは認められない」として、担当課長に接待費約七〇万円の返還を命じている」（一九九五年一〇月二〇日）。会合はなかったが、飲み屋の領収証だけは上がってきているというわけだ。

二次訴訟は、その翌年度もまた同じ「架空接待」が行われていたことに対する訴え。しかし規模は前年度よりはるかに大きく、「架空接待」を計三〇回、総額約四三〇万円分行っていた。京都市の弁解も地裁の判決内容も一次訴訟と同じだった。市幹部六人に対して接待費の返還を命じている（一九九五年一二月八日）。

八八年度の「つかみ金」という公金支出は「架空接待」の手法が使えなくなったあとに考え出されたものだったわけである。

接待隠しの事情

ところでなぜ京都市は、他府県の職員の名前を使ってまで、運動団体役員に飲み食いさせなければならないのか。

市関係者の一人は言う。

「とくに同和行政を進める場合、運動団体役員と人間関係をつくることが重要だからだ」

交渉の場で行政の後れを運動団体から批判されたとき、そのあと、相手の気持ちを和《やわ》らげるために「一杯やりましょう」ということになる。場合によってはそういった酒席に相手が出てきてくれるよう、こちらのほうから頼み込むこともある。出てくるということは、少しでもこちらの言い分に耳を傾けてもらえる可能性があるということになる、と言う。そうしないと今後の進行に大きな違いが出る。ところがある時期から、市側でそういった席を主体的に設けるというより、「こちらの意思に関係なく『接待』をせざるを得ないような、そういう状況に変わっていった」と語る。

京都市の同和行政について、運動団体の言いなりで主体性が欠如しているという批判があるが、まさにその典型が「接待」をめぐる市の姿勢なのだ。

運動団体との料亭などでの「事前協議」をした事実を虚偽の書類まで作成して隠さなければならない理由について、当時の同対室次長の平野之夫氏は、地裁一次訴訟で原告側の質問に対し、こう答えている（一九九一年五月一日）。

「名前を出さないということで、一応地元の関係者に出席をいただいておりますので、本人さんが来てくれたということがわかりますと、みなさん方（運動団体役員）について十分理解しておられない方々に、余分な誤解を招くということで名前を伏せたわけです」

——抽象的でわかりにくいのですが、実名を書いたらどういう場で問題にされると想定されたんですか。議会ですか、市の内部監査ですか。

「書類審査を通じて公《おおやけ》になることが想定されますね」

——そんな簡単に公にならんでしょう。議会に明らかになるということを恐れたんじゃないですか。

「議会に明らかになるということは公にも明らかになるということですね」

——議会で問題にされたら困る。問題にされないように故意に違う理由を書いたということでしょう。

「公になるということを防ぐために書いたんです」

——そうしたら議会の監査とか無意味になるんじゃないですか。そんなことは考えなかったんですか。

「……」


「同和問題は市民一人ひとりの課題」「断ち切ろう身近な差別を私から」——京都市は機会あるごとに同和問題に対する市民の理解の「後れ」を強調するが、その一方で虚偽《きょぎ》、架空の公文書まで作成して運動団体役員をもてなし、しかもそういった密室で今後の行政のあり方を相談している。その問題点を指摘されると市民感覚から大きく逸脱《いつだつ》した弁解で逃げようとする。実態から大きく遊離《ゆうり》した同和対策事業の方針を密室の、しかも公金を使った飲み食いの場で決められては、市民は二重の意味でたまらない。地区住民にしてもその思いは同じだろう。行政は特定の運動団体幹部のためではなく、市民全体の奉仕者ではないのか。

京都市同和対策室の帳簿から、「つかみ金」訴訟原告団が作成した「のみくい」一覧（1988年度）より。

1988年

4月4日(月)		アローン	1,120円
4月5日(火)		青い山	900円
4月5日(火)		パルファン	840円
4月6日(水)		パルファン	1,120円
4月8日(金)		アンリー	840円
4月8日(金)	事前協議	天壇	8,855円
4月11日(月)		青い山	1,200円
4月11日(月)		エイト	560円
4月12日(火)	事前協議	のうだんまんるい	37,000円
4月13日(水)		幌馬車	900円
4月14日(木)		青い山	600円
4月14日(木)	事前協議	やまおか	12,800円
4月15日(金)		パルファン	1,120円
4月18日(月)	事前協議	清華	4,860円
4月18日(月)	事前協議	阿わ津	44,600円
4月19日(火)	事前協議	青い山	1,500円
4月20日(水)		アローン	560円
4月20日(水)		パルファン	840円
4月20日(水)	事前協議	阿呆	20,000円
4月22日(金)	事前協議	京都ホテル	2,200円
4月22日(金)		アローン	1,400円
4月25日(月)		エイト	840円
4月26日(火)	事前協議	ひばなや	86,340円
4月27日(水)	事前協議	亥の盛	46,000円
4月27日(水)		青い山	900円
4月27日(水)		アンリー	1,120円
4月30日(土)	事前協議	4月支出確認分	16,360円
5月2日(月)	香典		10,000円
5月2日(月)		幌馬車	1,500円
5月6日(金)	事前協議	京都ホテル	1,540円
5月9日(月)		アローン	1,120円
5月9日(月)	樒代		3,000円

5月9日(月)	事前協議	京都ホテル	2,090円
5月10日(火)		アローン	840円
5月10日(火)		青い山	1,200円
5月11日(水)		アンリー	560円
5月11日(水)	事前協議	ナウ	35,000円
5月11日(水)	事前協議	全日空ホテル	1,155円
5月13日(金)	香典		10,000円
5月13日(金)	事前協議	よしみ	17,420円
5月13日(金)		アローン	1,120円
5月16日(月)		パルファン	840円
5月17日(火)		アローン	1,120円
5月17日(火)	事前協議	酒見世	15,510円
5月17日(火)	事前協議	フォンタナ	700円
5月20日(金)	餞別		10,000円
5月20日(金)		青い山	900円
5月20日(金)		パルファン	560円
5月23日(月)		エイト	840円
5月23日(月)		幌馬車	900円
5月23日(月)	同和対策費	（収入）　1,200,000円	
5月25日(水)	事前協議	越前屋	7,400円
5月25日(水)		アローン	840円
5月26日(木)		青い山	600円
5月26日(木)	事前協議	清華	2,430円
5月26日(木)	事前協議	つる亀	26,000円
5月27日(金)		アローン	560円
5月28日(土)	事前協議	なる川	46,000円
5月29日(日)	事前協議	つむぎ	9,750円
5月30日(月)		青い山	1,200円
5月31日(火)		パルファン	840円
5月31日(火)	事前協議	彦左衛門	16,190円
5月31日(火)	事前協議	5月支出確認分	15,540円
6月1日(水)	事前協議	雅	1,650円
6月2日(木)		エイト	560円
6月3日(金)		アンリー	840円
6月3日(金)	事前協議	京都ホテル	2,200円
6月3日(金)		幌馬車	900円

6月4日(土)		アローン	1,400円
6月4日(土)	事前協議	桂花林	19,440円
6月5日(日)	事前協議	ひばなや	54,270円
6月5日(日)	事前協議	大極殿	8,150円
6月6日(月)		青い山	1,200円
6月8日(水)	みやげ代	花月	3,000円
6月8日(水)		パルファン	840円
6月8日(水)		パルファン	840円
6月9日(木)		青い山	600円
6月10日(金)		エイト	840円
6月10日(金)	事前協議	ドミノ	47,000円
6月13日(月)		幌馬車	600円
6月14日(火)		アンリー	840円
6月14日(火)	事前協議	グリーンプラザ	9,130円
6月15日(水)	香典		10,000円
6月16日(木)		青い山	900円
6月20日(月)		アローン	560円
6月21日(火)		エイト	840円
6月21日(火)		アローン	560円
6月23日(木)	ビール券代	森田商店	4,910円
6月24日(金)	事前協議	串大岩	25,720円
6月24日(金)		パルファン	1,120円
6月24日(金)		アローン	840円
6月25日(土)		青い山	900円
6月28日(火)		アンリー	1,120円
6月28日(火)	事前協議	阿呆	30,000円
6月30日(木)		パルファン	840円
6月30日(木)		エイト	840円
6月30日(木)	事前協議	ノスタルジア	38,880円
6月30日(木)	事前協議	6月支出確認分	17,980円
7月1日(金)	事前協議	乃斯	43,000円
7月1日(金)		アローン	840円
7月2日(土)		エイト	560円
7月4日(月)		パルファン	840円
7月4日(月)	粗酒料		10,000円
7月6日(水)	贈答	一保堂茶舗	20,000円

7月6日(水)		パルファン	560円
7月6日(水)		アンリー	1,120円
7月8日(金)		アンリー	560円
7月8日(金)		青い山	900円
7月9日(土)	事前協議	コジィー	21,840円
7月10日(日)	事前協議	臣	12,010円
7月10日(日)	事前協議	しょうぐん亭	10,600円
7月11日(月)	事前協議	あじびる	4,310円
7月11日(月)		アローン	560円
7月12日(火)		幌馬車	600円
7月14日(木)		青い山	900円
7月14日(木)	事前協議	ほり川	3,905円
7月15日(金)		青い山	1,200円
7月18日(月)	事前協議	南山	10,340円
7月19日(火)		アローン	560円
7月20日(水)	みやげ代	花月	8,800円
7月20日(水)	事前協議	左近	7,000円
7月21日(木)	事前協議	サフラン	3,900円
7月21日(木)		パルファン	1,120円
7月21日(木)		エイト	560円
7月22日(金)		幌馬車	900円
7月22日(金)	事前協議	おもて	28,000円
7月22日(金)	事前協議	ローゼンタール	5,920円
7月25日(月)	お中元	大丸	31,792円
7月25日(月)	お中元	高島屋	15,200円
7月25日(月)	事前協議	京都ホテル	990円
7月25日(月)	事前協議	おめん	3,830円
7月25日(月)		パルファン	560円
7月27日(水)		アローン	1,120円
7月27日(水)	事前協議	ブライトンホテル	19,200円
7月28日(木)	事前協議	サンテラス	600円
7月28日(木)	粗酒料		10,000円
7月28日(木)	事前協議	清華	4,050円
7月28日(木)	事前協議	ローゼンタール	12,660円
7月28日(木)		幌馬車	600円
7月30日(土)		アンリー	840円

7月30日(土)	事前協議	7月支出確認分	14,900円
8月2日(火)		アンリー	840円
8月3日(水)	ビール券代	森田商店	31,000円
8月4日(木)		パルファン	560円
8月5日(金)		青い山	1,200円
8月9日(火)	香典		10,000円
8月10日(水)	樒代		3,000円
8月10日(水)	同和対策費	(収入) 1,000,000円	
8月10日(水)	事前協議	花梨	13,365円
8月10日(水)		幌馬車	1,200円
8月11日(木)		幌馬車	1,200円
8月11日(木)		エイト	840円
8月11日(木)	事前協議	満福亭	8,200円
8月12日(金)		青い山	900円
8月12日(金)	事前協議	雅	1,320円
8月13日(土)	事前協議	文明堂	12,200円
8月15日(月)	香典		10,000円
8月16日(火)		パルファン	560円
8月19日(金)		アローン	840円
8月19日(金)		アンリー	560円
8月20日(土)		パルファン	1,400円
8月20日(土)	事前協議	蝶屋	43,650円
8月22日(月)	ビール券代	森田商店	6,900円
8月22日(月)		アローン	840円
8月22日(月)		青い山	900円
8月24日(水)		エイト	840円
8月24日(水)	事前協議	みどり寿し	10,700円
8月24日(水)	事前協議	京都ホテル	3,520円
8月25日(木)	事前協議	縦らん	17,000円
8月25日(木)	事前協議	コジィー	22,500円
8月25日(木)		青い山	1,200円
8月26日(金)	事前協議	キリンシティ	7,164円
8月26日(金)	事前協議	フォンタナ	700円
8月28日(日)	事前協議	権太呂	3,800円
8月29日(月)		幌馬車	900円
8月31日(水)	事前協議	8月支出確認分	14,780円

9月1日(木)	事前協議	清華	2,430円
9月2日(金)	事前協議	おもて	14,000円
9月2日(金)		アローン	560円
9月3日(土)		青い山	900円
9月5日(月)		エイト	840円
9月6日(火)	事前協議	酔心	4,940円
9月8日(木)		青い山	600円
9月9日(金)		パルファン	1,120円
9月9日(金)		幌馬車	1,200円
9月9日(金)	結婚祝		30,000円
9月10日(土)	事前協議	ローゼンタール	4,040円
9月11日(日)	事前協議	阿だち	8,350円
9月12日(月)		エイト	840円
9月13日(火)		アローン	560円
9月16日(金)		アンリー	1,120円
9月16日(金)	事前協議	サンボーイ	1,700円
9月19日(月)		幌馬車	900円
9月20日(火)		アローン	840円
9月20日(火)		パルファン	1,120円
9月21日(水)		青い山	600円
9月21日(水)	事前協議	ルレ・オカザキ	3,800円
9月22日(木)	結婚祝		20,000円
9月22日(木)	結婚祝		20,000円
9月22日(木)	香典		5,000円
9月22日(木)	事前協議	ピアノーラ	50,000円
9月22日(木)		パルファン	840円
9月23日(金)	事前協議	金星	70,000円
9月24日(土)	お見舞	八百卯	4,500円
9月26日(月)		青い山	1,200円
9月27日(火)		エイト	840円
9月27日(火)		アローン	1,120円
9月27日(火)	樒代		3,000円
9月28日(水)		パルファン	560円
9月29日(木)		アンリー	840円
9月29日(木)	結婚祝		20,000円
9月29日(木)	事前協議	清華	3,240円

9月30日(金)		青い山	1,500円
9月30日(金)		アローン	1,120円
9月30日(金)	事前協議	9月支出確認分	19,220円
10月1日(土)		エイト	840円
10月2日(日)	事前協議	文々亭	34,600円
10月3日(月)		アンリー	560円
10月5日(水)		アローン	840円
10月5日(水)		幌馬車	900円
10月6日(木)		アローン	840円
10月6日(木)	事前協議	コマーシャル	27,000円
10月7日(金)		パルファン	1,120円
10月9日(日)	事前協議	ひばなや	40,070円
10月11日(火)		エイト	560円
10月13日(木)		パルファン	840円
10月13日(木)		青い山	900円
10月14日(金)		アローン	840円
10月14日(金)	事前協議	不二家	2,940円
10月17日(月)	事前協議	南山	21,560円
10月17日(月)	事前協議	桃李	4,600円
10月17日(月)	事前協議	権太呂	10,549円
10月17日(月)		アンリー	560円
10月18日(火)		青い山	900円
10月19日(水)		幌馬車	1,200円
10月19日(水)		エイト	560円
10月21日(金)		パルファン	840円
10月21日(金)	事前協議	白川寿し	24,800円
10月21日(金)	ビール券代	森田商店	15,500円
10月24日(月)	お見舞	八百卯	7,000円
10月24日(月)		アローン	560円
10月26日(水)		パルファン	840円
10月27日(木)		青い山	600円
10月27日(木)		アローン	1,120円
10月28日(金)		パルファン	840円
10月28日(金)		青い山	900円
10月29日(土)		アローン	840円
10月31日(月)		青い山	900円

10月31日(月)		パルファン	840円
10月31日(月)	事前協議	10月支出確認分	19,740円
11月1日(火)		エイト	840円
11月2日(水)		青い山	1,200円
11月2日(水)	事前協議	しん松	12,240円
11月4日(金)	お供え	京都ホテル	2,500円
11月4日(金)	香典		20,000円
11月4日(金)	事前協議	京都ホテル	1,430円
11月4日(金)		アローン	560円
11月5日(土)		アンリー	840円
11月7日(月)		パルファン	1,120円
11月7日(月)		幌馬車	1,200円
11月7日(月)		パルファン	840円
11月7日(月)	事前協議	雅	1,650円
11月8日(火)		青い山	900円
11月10日(木)		アンリー	560円
11月11日(金)		パルファン	1,400円
11月11日(金)		青い山	1,200円
11月12日(土)		アローン	840円
11月12日(土)	事前協議	コジィー	10,140円
11月13日(日)	事前協議	新都ホテル	1,300円
11月15日(火)	事前協議	ビアンカ	1,120円
11月15日(火)		エイト	1,120円
11月16日(水)		アローン	560円
11月16日(水)		パルファン	1,120円
11月16日(水)	事前協議	亥の盛	46,000円
11月17日(木)	榕代		3,000円
11月17日(木)	事前協議	不二家	1,960円
11月17日(木)		青い山	600円
11月18日(金)		幌馬車	900円
11月18日(金)		アローン	840円
11月19日(土)		アンリー	560円
11月19日(土)	榕代		3,000円
11月19日(土)	香典		20,000円
11月19日(土)	事前協議	よしみ	20,640円
11月21日(月)	事前協議	うえだ	8,470円

11月21日(月)		青い山	900円
11月22日(火)		幌馬車	900円
11月22日(火)		エイト	560円
11月22日(火)	事前協議	サンテラス	600円
11月24日(木)		青い山	1,500円
11月25日(金)		アローン	840円
11月25日(金)		アローン	840円
11月25日(金)	事前協議	ビアンカ	1,485円
11月28日(月)		パルファン	1,400円
11月29日(火)	お見舞	木ノ実屋	10,000円
11月30日(水)	事前協議	かねよ	12,837円
11月30日(水)	事前協議	新都ホテル	28,000円
11月30日(水)		幌馬車	600円
11月30日(水)		青い山	900円
11月30日(水)	事前協議	11月支出確認分	25,640円
12月1日(木)	餞別		20,000円
12月1日(木)		アローン	1,120円
12月2日(金)		アローン	840円
12月2日(金)		アンリー	560円
12月2日(金)	お見舞	八百卯	5,000円
12月2日(金)	事前協議	フォンタナ	800円
12月3日(土)		青い山	1,500円
12月5日(月)		アローン	840円
12月6日(火)		パルファン	560円
12月6日(火)		幌馬車	1,200円
12月7日(水)		アンリー	840円
12月7日(水)	事前協議	ビアンカ	1,870円
12月8日(木)	事前協議	歌雅里	8,250円
12月9日(金)		アローン	840円
12月9日(金)		パルファン	560円
12月9日(金)		パルファン	1,400円
12月10日(土)		青い山	900円
12月12日(月)		エイト	840円
12月14日(水)		エイト	840円
12月14日(水)	同和対策費	(収入)　1,200,000円	
12月15日(木)	事前協議	京都ホテル	1,430円

12月15日(木)		青い山	1,200円
12月15日(木)		アローン	560円
12月16日(金)		パルファン	840円
12月17日(土)	事前協議	モーツアルト	4,420円
12月17日(土)	事前協議	かっぱ寿司	3,780円
12月17日(土)	お歳暮	高島屋	35,000円
12月19日(月)		青い山	1,200円
12月19日(月)	お歳暮	高島屋	20,000円
12月19日(月)	事前協議	清華	2,700円
12月20日(火)	お歳暮	高島屋	24,700円
12月20日(火)		幌馬車	900円
12月22日(木)		アローン	840円
12月24日(土)	事前協議	清華	11,280円
12月26日(月)		パルファン	840円
12月26日(月)	事前協議	カルフォルニアビーチ	1,300円
12月27日(火)	香典		20,000円
12月27日(火)	樒代		3,000円
12月28日(水)	事前協議	おったんた	18,000円
12月28日(水)	事前協議	12月支出確認分	19,220円
12月29日(木)	おみやげ代	あすわ	3,450円
12月29日(木)	おみやげ代	モーツアルト	3,750円

1989年

1月4日(水)	事前協議	清華	27,320円
1月4日(水)	おみやげ代	八百卯	3,500円
1月4日(水)	粗酒料		5,000円
1月4日(水)	粗酒料		5,000円
1月6日(金)		幌馬車	1,200円
1月6日(金)	事前協議	桃李	2,200円
1月7日(土)	みやげ代	鳩居堂	5,000円
1月7日(土)	事前協議	清華	3,000円
1月8日(日)	事前協議	新都ホテル	850円
1月9日(月)	事前協議	サンテラス	600円
1月9日(月)		アローン	840円
1月9日(月)		パルファン	1,120円
1月10日(火)		青い山	1,200円

1月10日㈫	餞別		20,000円
1月11日㈬		アンリー	840円
1月13日㈮		パルファン	840円
1月13日㈮	香典		15,000円
1月17日㈫		アンリー	560円
1月18日㈬		エイト	1,120円
1月19日㈭		パルファン	840円
1月19日㈭	事前協議	サフラン	900円
1月19日㈭	事前協議	不二家	2,340円
1月20日㈮	事前協議	清華	3,000円
1月20日㈮	事前協議	モリタ屋	64,480円
1月20日㈮	事前協議	祇園ひばなや	68,750円
1月21日㈯	粗酒料		10,000円
1月21日㈯		青い山	1,500円
1月23日㈪		アローン	1,460円
1月25日㈬		エイト	560円
1月26日㈭		アローン	560円
1月27日㈮		幌馬車	900円
1月27日㈮		アンリー	840円
1月27日㈮	事前協議	京都ホテル	2,365円
1月28日㈯		青い山	1,200円
1月28日㈯	香典		10,000円
1月28日㈯	樒代		3,000円
1月30日㈪		パルファン	1,120円
1月30日㈪	事前協議	みどり寿し	12,000円
1月31日㈫	事前協議	1月支出確認分	16,640円
1月31日㈫	事前協議	せせらぎ	1,650円
2月1日㈬	事前協議	桃李	2,200円
2月1日㈬	事前協議	桃李	4,015円
2月1日㈬	事前協議	京都ホテル	1,100円
2月2日㈭	事前協議	モーツアルト	2,970円
2月2日㈭	事前協議	権太呂	4,900円
2月2日㈭	事前協議	モリタ屋	90,600円
2月2日㈭		パルファン	560円
2月3日㈮		エイト	1,120円
2月3日㈮	事前協議	サンテラス	900円

2月3日㈮	事前協議	天狗	11,580円
2月3日㈮	事前協議	ふじ乃	29,000円
2月4日㈯	事前協議	やまおか	16,200円
2月6日㈪	事前協議	ひばなや	119,790円
2月6日㈪	餞別		20,000円
2月6日㈪		アローン	840円
2月7日㈫		アローン	1,400円
2月9日㈭		青い山	900円
2月9日㈭		アンリー	840円
2月9日㈭	事前協議	天狗	2,860円
2月10日㈮	みやげ代	モーツアルト	4,240円
2月12日㈰	事前協議	ラポー	2,860円
2月13日㈪		パルファン	560円
2月14日㈫		青い山	1,200円
2月15日㈬		エイト	840円
2月15日㈬	事前協議	祇園ひばなや	119,900円
2月16日㈭	事前協議	権太呂	3,450円
2月16日㈭	事前協議	京都ホテル	2,200円
2月17日㈮	事前協議	サンテラス	900円
2月17日㈮	事前協議	おせき	11,500円
2月17日㈮		アローン	840円
2月17日㈮		幌馬車	900円
2月21日㈫		パルファン	1,400円
2月21日㈫		青い山	600円
2月21日㈫	事前協議	ナウ	70,000円
2月22日㈬	事前協議	河道屋	10,505円
2月22日㈬	ビール券代	森田商店	19,915円
2月22日㈬	事前協議	サタン	31,000円
2月23日㈭	事前協議	清華	4,500円
2月23日㈭		幌馬車	1,200円
2月24日㈮		アローン	840円
2月25日㈯	事前協議	シスターハウス	11,610円
2月27日㈪		アローン	560円
2月28日㈫	事前協議	2月支出確認分	14,600円
3月1日㈬		アローン	560円
3月2日㈭		エイト	1,400円

3月4日(土)		アローン		840円
3月6日(月)		青い山		900円
3月7日(火)	事前協議	ドン		15,000円
3月8日(水)		パルファン		1,400円
3月8日(水)		アローン		560円
3月10日(金)		アンリー		840円
3月10日(金)	お祝い			10,000円
3月13日(月)	事前協議	みどり寿し		13,000円
3月13日(月)		アンリー		560円
3月14日(火)		青い山		1,200円
3月15日(水)	事前協議	清華		4,980円
3月16日(木)	事前協議	天狗		9,160円
3月16日(木)		パルファン		840円
3月17日(金)		パルファン		1,120円
3月17日(金)	事前協議	おったんた		32,000円
3月17日(金)	お見舞い	スギトラ果実店		10,000円
3月17日(金)	みやげ代	満月堂		2,900円
3月17日(金)	事前協議	粋心		6,670円
3月20日(月)		アローン		840円
3月21日(火)	事前協議	ロイヤルホテル		2,860円
3月22日(水)	事前協議	金扇		13,450円
3月22日(水)	事前協議	サフラン		600円
3月23日(木)	事前協議	しん松		14,930円
3月24日(金)		青い山		600円
3月27日(月)		エイト		840円
3月28日(火)		青い山		1,200円
3月28日(火)	事前協議	かに道楽		20,870円
3月29日(水)	事前協議	メモリー		35,000円
3月29日(水)	事前協議	サンテラス		900円
3月30日(木)	事前協議	サタン		46,900円
3月31日(金)	事前協議	おせき		15,150円
3月31日(金)	事前協議	3月支出確認分		13,700円
3月31日(金)		持出し	127円	
			3,400,127円	3,400,127円

Ⅲ　濁流――ドブ川を金に換える手口

建設費の異常膨張《ぼうちょう》、七二回もの契約変更、大幅な開通時期の遅れ……迷走を続ける京都市地下鉄東西線。その「濁《にご》った川面《かわも》」から吉田明氏（部落解放同盟京都府連元委員長）が組合長を務める京淀漁業協同組合の顔が浮かび上がった。組合員一二〇人余り、漁業で生計を立てている組合員が皆無という府内でも「弱小」の淡水漁協が、地下鉄工事に伴う「漁業補償」を名目に多額の金に群がっているというのだ。京淀漁協の「錬金術」の手口を追ってみた。

奇怪な工事変更

工事をすると湧水《ゆうすい》が出る。京都市地下鉄東西線工事の場合、初めの契約ではその水は下水道に放流して処理することになっていた。ところが、いつのまにか東山トンネル工区以東の一〇工区には、それぞれ濁水《だくすい》処理施設を設置することになっていたのだ。しかもその経費は初め六億円とされていたのだが、七月市議会（一九九四年）で共産党議員に質問されたときには約三倍に膨れ上がっていた。第三セクター分二工区を合わせると、全一二工区の合計は二二億九〇〇〇万円。その内訳——処理機械の設置などで六億五〇〇〇万円、維持管理費で四億六〇〇〇万円、薬剤費などで一一億八〇〇〇万円。もちろん全額市民の税金によって負担することになる。

東西線全体の予算が二四五〇億円から約二倍の四七一〇億円になったことを考えれば、それは「微々《びび》たる額」と言えるかもしれない。だがここでより問題なのは、処理経費の増大額ではなく、工事の契約にも、その後の変更事項にも、湧水は下水道への放流をやめて処理施設を設置することなどは書かれていないということなのだ。

なぜこんな奇妙なことが起こるのか。京都市側は、処理方法を変更したのは工事の湧水を下水道に流すと「（今の下水処理場の容量では）雨水の多いときには処理能力に限界があるため」（内田助役）と言い、そのことが契約書の変更事項に明記されていないことについては「あとで変更する。工事だけ先行させる場合もある」（三浦交通局長）などと議会で説明している。

だが、実際には現在の下水処理施設で容量的には問題はなく、今回の変更した工事内容を先行して進めた手続き自体、交通局みずからが定めた「土木工事監督要綱」から逸脱したものだったことが、議会の質疑で明らかになっている。現実の下水処理能力や「要綱」がどうあれ、京都市側にはどうしても湧水を濁水処理施設を使って処理

したい事情があったとしか考えられない不自然な答弁なのである。

その額、五四〇〇万円也?

その事情とはいったい何か。共産党市議団に届けられた工事関係者からの数枚の「内部告発」メモが、その背景の一端を明らかにしてくれた。

メモのタイトルは「京淀漁協組合の件報告」。それによると一九九一年七月二五日、地下鉄各工区の工事を担当するJV(共同企業体)の間で、次のことが合意されている。

京淀漁協への「協力金」(工事による河川汚濁の補償金)として、

・同年九月三〇日までの分として、全工区で六〇〇万円(一工区につき五〇万円)を七月末までに支払うこと。

・一〇月以降の「協力金」は半期ごとに全工区で四〇〇万円を期初めに納入すること。

・協力期間は工事終了(事務所閉鎖)まで。

・協力金の分担については意見が出たが各工区均等分担となった、など。

また、一九九一年一二月二六日には交通局担当課長、京淀漁協関係者出席のもと開かれた各ＪＶの所長会議のことも記されている。そこでは山科区のＡ社から濁水処理設備を購入するため、交通局了解のうえで、設備費として一基五〇〇〇万円、管理費として一〇〇〇万円、計六〇〇〇万円の見積書をＪＶで用意することが決められた。同時にこの日の会議では、交通局担当課長が退席したあと、京淀漁協に対し、「協力金」の前払い金としてＪＶから金が渡された。

京淀漁協が市に圧力をかけ無理やり処理方法を変えさせたとは、これらのメモからは断定できないが、少なくとも変更によって京淀漁協は「漁業補償」を名目に「協力金」を業者から引き出すことが可能になったわけだ。メモに記載された合意事項が実行されていたとすると、すでに京淀漁協は三〇〇〇万円の「協力金」を得、今後工事が完了するまでにさらに二四〇〇万円を手にすることになる。

地下鉄東西線の建設費膨張、工事期間の延長はツケを市民に回すものであり、市民の怒りを買っている。が、京淀漁協にとっては、期間がこれまでのようにズルズル延長していくのは大歓迎なのである。

京淀漁協が受け取る計五四〇〇万円の「補償金」。ところが一般に漁業補償とは、民法七〇九条にもとづいてなされる。それは河川の具体的被害、損失に対して行われるものとされている。今回の工事では水は濁水処理施設によって浄化されるわけだから、「補償」する必要などないはずである。

漁協が同意しないと不許可

地下鉄工事をめぐってみせた京淀漁協のこの「協力金」(補償金)獲得の方法。実はこれ、同漁協がここ一〇年来繰り返してきたしたたかな錬金術に他ならない。

京都市伏見区の不動産会社「浜田開発」の代表取締役、濱田辰彦氏は自動車販売会社の委託を受け、伏見区内の約六〇〇〇平方メートルの土地に中古車オークション会場建設のため、市に対し都市計画法にもとづく開発許可を申請した。ところが市は「工事によって建設予定地近くを流れる桂川に汚水が流入する恐れがある」という理由で、漁業権をもつ京淀漁協の同意書を得るよう指導してきた。工事自体、河川への影響など考えられなかったが、当時濱田氏は、京都では京淀漁協の同意がないと開発が許可されていないことをすでに人づてに聞いてはいた。漁協と事前に協議し、同意書をもらわなければならないよう行政指導する法的根拠があるのか、と市の担当課である建設局開発指導課に同氏が聞くと、
「法的根拠はない。しかし関連各課の申し合わせで指導している。この指導は法律に準じたものと思ってほしい。漁協の同意書がないと許可はできない」という返事だった。

このままでは工事が遅れ、かえって損害が出ると思った濱田氏は、やむなく市の指導に従い、京淀漁協に「漁業補償」を名目に漁協が提示した約三〇万円の「協力金」を払い、同意書を得ることにした。これによって市の開発許可も得ることができた。

その年の一〇月、濱田氏は、京都市を相手に損害賠償を求める訴訟を起こす。法的根拠のない事柄の行政指導はおかしい、というのがその理由。だが、一審（一九九〇年五月）、二審（一九九一年一月）とも「京都市は漁協の同意書を得るよう指導しただけであって、同意書がなければ開発を許可しないといっているわけではない」として濱田氏の訴えを棄却《ききやく》した。

「同意書がないと許可できないといっておきながら、あれは強制でないなんておかし

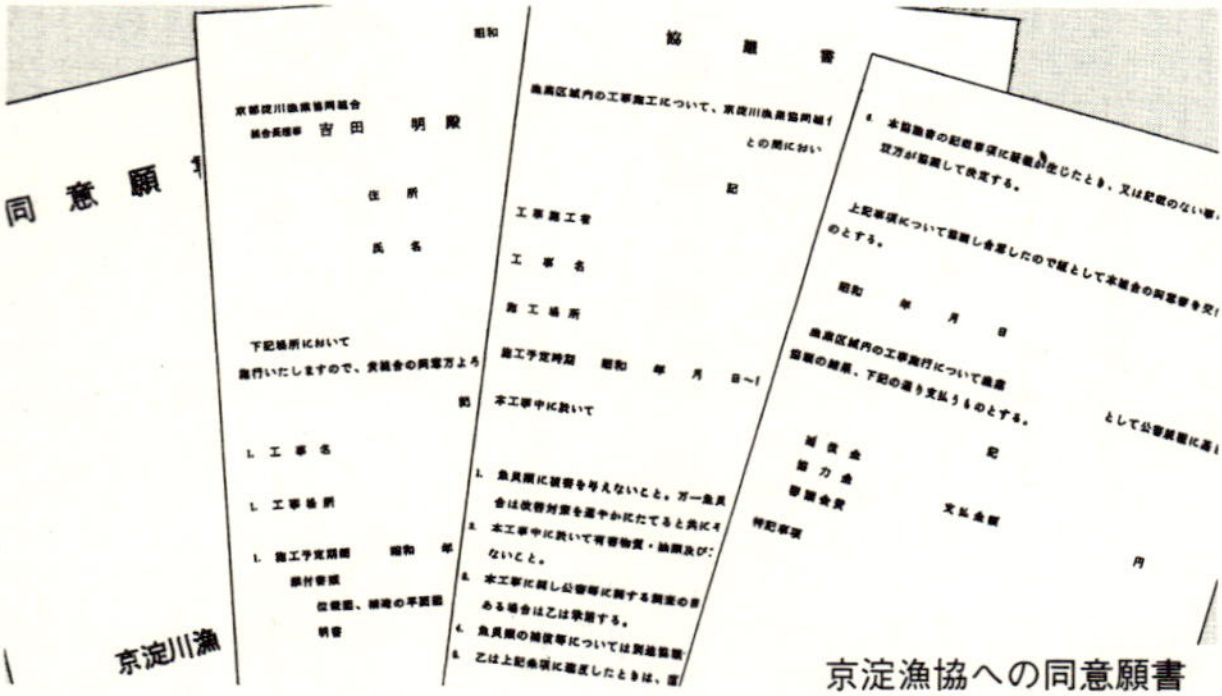

京淀漁協への同意願書

い。そもそも河川に被害が出るとはとうてい思われない工事なのになぜ漁協との協議が必要なのか。工事のやり方なら私と市が協議すればいいではないのか。行政が京淀漁協の『たかり』の手助けをしているとしか思えない」

濱田氏は今でも当時のことを強い口調で語る。

ところで、この裁判では訴え自体は退けられたとはいえ、京淀漁協の協力金強要を黙認《もくにん》、あるいはバックアップする京都市の対応を裏付ける証言が次々に飛び出している。

一九八九年一〇月、法廷で当時の開発指導課長は以下の趣旨の証言を行った。

工事によって漁業に影響が出るかどうかの判断は業者と京淀漁協の協議に委ねている。これまで市に提出された同意書の中で補償金・協力金欄に金額が書かれていなかったことは一件もない。したがって同意書が出されたということは業者と漁協の間で何らかの金銭解決が行われていると承知している。同意書は都市計画法にもとづく開発申請の法律上の要件ではないが、それに準じるものとして取り扱うというのは市の方針である。自分の在任中、同意書なしに開発を許可したケースは一件もない、と――。

京淀漁協に対するこのような市の姿勢は現在も基本的には変わっていない。「漁協との事前協議は義務付けている。漁協の同意がないと開発を認めないというわけではないが、これまでにそれを認めた例は一件もない」（開発指導課）という。

京淀漁協と同様の手口がまかり通っていた兵庫県では、県水産課長が、「漁業補償とは損害に対する対価である。何でもかんでもできない。川が濁っていても影響があるかどうかである」とし、協力金を強要するものについては「責任者を呼び出して指導する」（一九九二年四月県議会）と断言、県内の漁協にそのことを明記した文書を送付している。

京淀漁協の漁業区域は、桂川（東海道線鉄橋〜三川合流）、宇治川（隠元橋〜三川合流）、木津川（八幡市上津屋橋〜三川合流）、支川（上記区域内に流入するすべての支川）である。組合員らの話によると府内でもっとも古い淡水漁協で、一九〇一年設立。最高時は組合員三五〇人を抱え、豊富な漁獲量を誇る有力漁協の一つだったが、近年は組合員、漁獲量ともに激減。吉田氏が同漁協の組合長になる八三年二月には組合員はわずかに約七〇人、全員が兼業漁業、「（漁協の）役職に就く者もおらず」（吉田氏就任前の組合長の話。『京都民報』一九八五年一〇月二七日付）、組合の事業といえば放流《ほうりゅう》、水質検査をやっている程度だった。しかしその零細な組織は漁民でもなかった吉田氏の組合長就任と同時に一変していく。

公共、民間を問わず、漁協の漁業区域の河川に何らかの影響を及ぼすと考えられる建設工事を行う業者に対し、河川汚濁を理由に補償を要求することを、組合の主要な活動として始めたのである。その結果、一九八四年度には漁協の年間総事業費の九割以上に当たる一八〇〇万円の補償金を獲得する。その二年前の補償金額はわずかに八〇万円だった。その一方「被害」を回復するために行った放流事業は一二〇万円余り。補償金の一割も活用していないのである。

この補償金獲得活動は京都府をはじめ関係市町の後押しで進められた。組合長就任の同じ年の七月、吉田氏ら漁協幹部八人が、京都府水産課、下水道課ら関係課長一一人と「話し合い」の場をもったのがその始まりだ。席上、吉田氏は、河川の水質汚濁で漁業ができなくなったのは漁協に何の相談もなく河川改修工事をみとめてきた府の責任だとして、今後、河川に関する工事をするときにはすべて自分たちと事前協議するよう業者に指導せよと迫った。

京都府側が記録した議事録には、ひたすら「陳謝《ちんしゃ》」する関係課長に対して京淀漁協側の発する罵詈《ばり》雑言《ぞうごん》が生々しく再現されている。

「申し訳ないというのなら今後どうするんやとなる。それがなければなめているのと同じだ」

「何で事前協議がなかったのか。それが素人のあさましさというものだ」

「それはお前とこの仕事だ。指導をちゃんとやれ」

そして「(漁業に関わっているものは) 同和の人が多い」と脅し、要求を通すために最後には「解放同盟の委員長が組合長になったのはこのことだ」という「殺し文句」まで使っている。

京都府が一定規模の工事の場合、漁協と事前協議し同意を得ることの義務付けを各市町に指導するようになっていくのは、この「話し合い」以後のことだ。

京淀漁協については「協力金」強要問題以外にもこれまで、経理内容に「適正を欠いている部分がある」(府農林水産部長、一九八六年一月の府議会で) ことが明るみになったり、京都府・市などが二一〇〇万円で委託《いたく》した淡水魚調査で実際に調査をしたのかと疑わせるようなデタラメな報告書が市議会で問題化 (一九八九年一〇月) するなど、疑惑にはこと欠かない。また、府内のある淡水漁協の理事によると「京淀は本来の漁協活動から逸脱して補償金を取るためだけに存在している組織であることは関係者なら誰でも知っていることだ」と言うほど風評《ふうひょう》は広まっている。

そのことの責めを何ら問われることなく彼らが今日手にしたのが、地下鉄工事という名の「大魚」だったのだ。

ドブ川を金に換える

行政を屈服させ、「協力金」獲得のマニュアル化に成功した頃、吉田氏は地元八幡市で奇妙な買い物を行っている。

一九八五年三月、八幡市のメインストリート府道長尾八幡線と並行する下水路旧大谷川の市役所西側部分（二七三一平方メートル）を、吉田氏は市内に住むO氏より約三〇〇万円で買い取っているのだ。そこは終戦直後から排水路として利用されているドブ川なのだ。さらに一九六五～七一年の改良事業で下水道法によって「都市下水路」にも指定されている。「都市下水路」は下水道法により、事実上開発できない土地のはずだ。吉田氏がそんな一円にもならないドブ川の底地を買いつけた狙いは何だったのか。

それは三年後に判明する。

「自分の土地に勝手に進入路が通されている。市はこの土地を買い取るべきだ」と吉田氏が木津簡易裁判所に申し立てたのだ。

確かに吉田氏が買ったドブ川に橋がかけられ、府道から市役所への進入路になっている。しかしそれは、彼が購入する七年も前に造られたものだ。進入路になっているのを承知のうえで買っておきながら、その補償を要求しているのである。

地元住民の話によると、そもそも問題のドブ川は、古くから地権者が湿地帯地域の環境改善のために土地を出し合って造った排水路である。終戦直後の府による排水路の整備事業、七〇年前後の市による改良事業のときはもちろん、進入路建設時にも所有権を主張し、市に買収を要求する者もなかった。登記上はともかく、いわば公共のために寄付した形になっていた土地なのだ。吉田氏に売却した元の地権者にしても、吉田氏から話を持ち込まれるまでそこが自分の所有する土地であるという意識すらなかったというほどだ。ちなみに土地購入時、吉田氏は同地域も含む西部土地改良区の会長、排水路の改良事業が行われた七〇年前後には農業委員会会長も務めている。つまり旧大谷川が下水路になる経過、そしてそこが私有地のままであることを詳細に知りうる立場にあった。

吉田氏が木津簡裁に調停を申し立てて七年。一九九五年三月八幡市議会に、市が吉田氏の所有地を二五〇〇万円で買収するという内容の、木津簡裁の調停受諾案が突然かけられる。実はこのときになって初めて、ドブ川を金に換える吉田氏の新手の「錬《れん》金術《きんじゅつ》」と、それに屈服した市の姿が明るみになったのである。受諾案は共産党以外の賛成で可決。同年七月二七日、市は吉田氏（夫妻）に二五〇〇万円を支払う。三〇〇〇万円で買い取ったドブ川が二五〇〇万円に膨れ上がって懐に入ってきた。

このあと、共産党八幡市議の三村忠宏さんが、吉田氏への二五〇〇万円の支払いは公金不当支出であると京都地裁に提訴。今年に入って市民一二人が原告に加わり、市民運動的な広がりを見せはじめた。八幡市出身の解放同盟幹部でさえも、「どう考えてもひどい話や。頑張ってや」と三村さんを激励しているという。

裁判の被告は八幡市だが、吉田氏が本当の意味での「被告」と原告らはとらえている。これまで吉田氏の「協力金」獲得をさんざん目の当たりにしてきた。今回もまた行政は認めてしまうのか——。

八幡市側はこれまでの公判で「支出は木津簡裁の調停にもとづいて行った。行政的手続きがされていない土地の所有権取得を行政が主張するわけにはいかない」と反論しているが、前出の解放同盟幹部の言を待つまでもなく、市民感情からかけ離れた主張である。

当の吉田氏はこう言っている。

「裁判は市を相手にやっていることなのでこちらには関係ないが、別に大したことと違う。市がやったことはあたりまえのことや」

解同元委員長の「たどり来し道」

全国商工会連合会副会長、京都府商工会連合会会長、会社役員、新聞社社長——吉田氏の主な肩書だ。地元八幡市内では公害対策、同和対策、都市計画対策など、行政関係の六つの審議会・委員会の委員を務め、その他にも観光協会、自動車解体公害防止協会、建設業組合などの団体の会長を歴任してきた。八幡市内では並ぶものがいないほどの実力者であることには間違いない。部落解放運動の世界だけでなく、その存在は多方面で知られている。

吉田氏は一九二四年二月、当時の八幡町で生まれた。七男六女、一三人きょうだいの五番目である。みずから語っていること（部落解放同盟京都府連六区支部編『自動車解体共和国』三一書房、「たどり来し道」『京都新聞』一九九六年五月一日〜三〇日付夕刊連載）をもとに、その生い立ちを辿《たど》ってみる。

父親は祖父の代から土木工事の下請け（親方）をやり、母親はそれを手伝いながら草履《ぞうり》編みなどの内職をしていた。仕事の関係で小学校に上がるまで親といっしょに飯場を転々としていた。当時の部落は「土方村」と言われるくらい大部分は日雇いの土方をして暮らしていたという。

幼い頃の吉田氏は、写真を撮られるとき、カメラのレンズに吸い込まれてしまうと怖がって周囲からあきれられたというエピソードが残っている。からだも小さかったがけんかは強かったそうだ。子どもの頃、母親から授かった人生訓は、弱い者いじめはするな。負けたと言ったらそれ以上攻撃するな――だった。その教えを守り、吉田氏はガキ大将だったが、弱い者をいじめることはない少年だったという。のち、相手が弱いとわかったらどこまでも攻めたてる行動とは、正反対である。

一九四四年九月、召集され、舞鶴市の平第二海兵団に入隊。ところがその二ヵ月後、船への荷物の積み込み中に爆発事故が起こり、両目を負傷する。舞鶴の海軍病院、東京の海軍軍医学校の病院に送られた後、四五年六月、八幡に戻って療養生活をはじめる。右目は失明、左目も裸眼の視力は〇・〇四に落ちたままだったという。

戦後は青年学校で数学や社会科の教員として働くが、校長と意見が合わずにすぐに退職、教員在任中に思いついた毛織《けお》りクズの回収の仕事を始める。物資不足を補うため資源の再利用を政府が促進していた時代だった。毛織りクズは予想以上に換金でき、一週間で五万円の札束を手にしたこともあったという。当時は小学校教員の初任給は二〇〇〇円の時代である。

その後、毛織りクズから「朝鮮特需」を見越してスクラップ回収に転じ、八幡を中心とする「南山城資源回収組合」を結成する。並行して青年団活動のリーダーともなり、部落解放運動とも出会う。一九五〇年代のことだ。その後社会党にも入党、同党分裂時には左派に属するが、のち、「社会主義も社会の矛盾を解決しそうにない」と脱党している。

解放運動に参加して以降、区長や小・中学校の育友会会長などの任にも就くが、当時のことを吉田氏はこう振り返っている。

「ここでも、『部落問題』と言うだけで、みんなの表情には拒絶反応が出て、すぐに身構える。それがわかるから、なるべく、『部落』とか、『同和問題』などという言葉を使わずに理解してもらう話し方を心掛けたし、あたかも初恋の人を口説くつもりで話したが、最初の頃は随分《ずいぶん》と苦労した」(「たどり来し道」)

だがそんな柔和な顔とは裏腹に、暴力を使ってでも意見を主張する行為にも及んでいる。一九五五年頃からの木津川の砂利採取《さいしゅ》によって、地元農民の水利権が侵害されたと、山中末治氏(その後八幡市長、社会党代議士を務める)らと協議会をつくり採取工事を認可した京都府庁に筵旗をたてて押しかけたときのことだ。

「交渉中、中央から出向していた担当の課長は『河川管理と住民の福祉とは関係ない』と、うそぶくありさまで、さすがに頭に来たから、『何を!』と言うなり、机を横倒しにし、課長を椅子ごと引っ繰り返してやった。当時の府知事は蜷川虎三さんだったが、虎は虎でも張り子の虎で、革新府政の正体を見たような思いだった」(前掲)

ひっくり返された課長にしてみれば逆に、吉田氏の正体を見たような思いだったのかもしれない。それにしても今日においてなお、役所との交渉中の暴力を武勇談のように公言する感覚には、理解しがたいものがある。

吉田氏はこうも言っている。

「足を踏みつけられた時、我慢《がまん》するのは美徳じゃない。相手のためにも抗議し、二度と過ちを起こさせないようにすることがやさしさだ。……一九七四年からは(解放同盟府連）委員長をし、糾弾の先頭にも立った。糾弾は上を見ないで、下だけ見るように飼いならされた人々に目を覚ましてもらい、下だけしか見えない大きな笠を取って、空の青さと高さを見せ、すがすがしい実感を得てもらうためにする教育だ」（前掲）

いくつもの行政の審議会委員や各種団体のトップとして本格的に活躍し出すのは、解放同盟京都府連委員長に就任する七四年からだった。そして九二年に退任するまで一八年間にわたり、今日「全国最悪」といわれる京都の同和行政確立の中心を担っていくことになる。

「人権」団体の実像

ところで、そんな吉田氏も委員長在任中、とんだ失態を演じ自己批判させられた経験がある。

一九八一年一〇月、昭和天皇が京都御所で茶会を催した。天皇が京都御所で開く公式行事としては御大典以来の半世紀ぶりの一大行事として大きな注目を集めたが、これになんと「人間に貴賤なし」と天皇制に強く反対している解放同盟委員長の吉田氏も商工会連合会会長として出席していたのだ。そればかりでなく、天皇に会って得意満面の感想まで新聞に載せてしまったのである。当然のことだが、組織内外で批判が加えられ、吉田氏は翌年一月の府連「旗びらき」で自己批判させられる。

「明治以降、〝部落民と対置してきた天皇〟であることをついかろんじてきたことはざんきにたえない。この厳しい反省の上に立って、今後部落の完全解放を目指し、全力を傾ける所存である」

吉田氏が京淀漁協組合長に就任するのはその約一年後のことだ。そして同年七月、府に対し「漁業補償」で猛烈な圧力をかけ、「錬金術」の方法をマニュアル化していった。「旗びらき」での決意表明が、こういう形で「結実」したのである。

解放同盟の中心的な理論家、大賀正行氏（部落解放研究所研究部長）は最近になって、同盟の実態について自嘲気味にこう語っている。

「知らん人は解放同盟は人権に詳しい人の集まりと思っている。実態を知った途端に失望するわな、何やと。こんな人間が部落解放とか人権を叫んでいるのかと。だいぶバレてると思うけど（笑）。特措法以後（同和対策事業特別措置法。一九六九年制定――引用者）の運動は解放運動かいなと思う」（『こぺる』一九九四年八月号）

ある解放同盟関係者は漁業補償で吉田氏が「釣果」を誇るたびに内輪からも失笑が漏《も》れていたと言う。

「魚釣りもせんおっさんがようやるわ」

行政との交渉で、「同和の人が多い」「解放同盟の委員長が組合長になったのはこのことだ」とみずからと仲間の出自《しゅつじ》を脅しの道具に使う。こういうのをエセ同和行為と世間では呼ぶ。

「解放運動も、何でも差別の結果やから、野焼きでも何でもやったるでは、自らも他も共に解放するものだという解放運動からは外れる。それは『反差別運動の特権化』であり堕落や。そういうことに対しては、自らをきびしく律さねばならん」（前掲『自動車解体共和国』）

吉田氏はある場でこう述べている。その通り、ぜひ律してもらいたい。だが、吉田氏は別のところでは、みずからの七十余年の歩みを振り返り、こんな心情も吐露しているのだ。

「生まれたときから、私の人生は『本音』と『建前』の両方にこだわり続けなければならない運命だったのかもしれない」

Ⅳ 沈黙――啓発のあとに残ったもの

何とも不可解な「同和研修」だった。一九九二年の一一月、京都市左京区のある山《やま》間《あい》の里。三〇〇人以上参加した住民のほとんどがいったい何が原因で地元はじまって以来の規模の研修会がもたれたのかすら理解できずにいた。わかっているのは、主催する自治会が地域のいろんな組織を使って熱心に住民を出席させようとしていたこと。そして、「同和」に関連して何かどえらい問題がもち上がっているらしいこと……。地元では毎月地域ごとに「講《こう》」が開かれているが、ここでも出席の点検がされていたし、「研修」当日は出欠簿までつくって入り口でチェックしていた。

研修会でどんな事件が起こったのかわかると思ったが、自治会からは「不幸な出来事があった」としか説明されず、一般的な同和問題に関する講演が行われて終わった。結局、住民は何も知ることができなかった。

「差別者」の里?

「おっさん、おかしなビラがあったで」

「同和研修」が行われる九ヵ月前、尾崎利治さん(五九歳)は知人から一枚のビラを見せられた。B4判の紙に「○○の嫁は部落出身、デカイ面スルナ! ××を汚すな!!」などと書かれていた。田んぼや道端《みちばた》に何十枚か落ちていたということだった。「アホなことを書くやつがおるなあ」と尾崎さんは思ったが、ビラのことはそれっきり周囲で話題になることもなかった。だが、そのビラこそ村中をあの不可解な「同和研修」に駆り立てた原因だったのだ。

京都市の調査によると、問題のビラが初めて発見されたのは、一九九二年二月一二日。七一枚のビラが一〇ヵ所でまかれている(というより道端などに置かれていた)のを住民が見つけた。そのことを知った左京区役所はすぐさま京都市市民局同和対策室に通報する。その翌日から約三週間、左京区役所の職員がこの他に「差別ビラ」がないか、毎日集落中の見回りにやってきた。この結果、一二日以降、二一枚の同種のビラを見つける。彼らが田んぼなどでウロウロしている姿は当時、住民の間で話題になったが、まさかビラを拾いに来ていた職員だとは、住民の誰も気づかなかったという。ビラの存在自体、ごく限られた人を除いて知られることもなかったのだ。市は部落解放同盟からの追及も受け、自治会とともに対策を協議する。冒頭に紹介した「研修会」はその結果を受け、催《もよお》されたものだった。

住民の多くがことのあらましを知ることができたのは「研修会」から三ヵ月後、全解連などでつくる「国民融合をめざす左京地域連絡会」が開いた集会のときだった。この集会は「差別ビラ」にあたふたし、住民に不安をあおる「研修」を強要した行政のあり方を批判するために催されたものだった。

それにしても誰が作ったのかもわからず、ほとんどの住民の目にふれることのなかったビラに、こんな大騒ぎをする必要があったのか。

市同和対策室では、「ああいうビラがまかれたこと自体、その地域には同和地区住民が差別されかねない状況があることを示している。行政としても啓発を進めていく責任がある。ビラの内容を伏せたのは、そのまま公表したら逆に差別意識を増幅させてしまう可能性もあるからだ」と説明する。

何とも強引な論法だ。この地域でビラが発見されたからといっても、誰が何のために作ったものかもわからないではないか。それなのになぜ、住民全員に「研修」させなければならないのか。

同対室では「あの研修会の評判はよかった」と言っているが、結果として住民側は、事情も知らされず、行政によって村ごと「差別者」扱いされ、啓発されてしまったわけだ。

ところで、「差別ビラ」が発見された二月から「同和研修」が開かれた一一月までの京都市の対応は、ある意味では「組織的」で「迅速《じんそく》」な対応と言えなくもない。よく短期間にこれだけの行政機構が統一的な行動をとれるものだと感心する。実は京都市には「差別事件」の際の「危機管理マニュアル」とでもいうべきものが存在するのだ。正式には「同和問題に係わる差別事象《じしょう》の処理に関する要綱《ようこう》」。

次のようなものだ。市内で「差別事象」を発見した場合、職員はただちに直属上司に報告するとともに、状況を記録する。報告を受けた上司は、これまたただちに所属長を経てその機構内の同和対策主任に報告する。その同和対策主任は「差別事象」についての見解をまとめ、これまたただちに同和対策室に連絡する。同和対策室は、やはりまたただちに関係所属長を招集《しょうしゅう》して対策を協議し、各所属の調査・啓発の分担を定める。関係所属長は「調査・啓発班」なるものを編成し、「差別事象」の分析に当たる——という具合である。

しかしこの「危機管理マニュアル」にはまだ続きがある。「調査・啓発班」はさまざまな分析を行った後、「差別事象」を起こした人物と関係者に対して「啓発」する。たとえばどこかのトイレで「落書き」が見つかっただけでも、これだけの組織が動くことになるわけだ。「差別ビラ」が見つかった地元で「研修会」が開かれたのも、住民全体が「関係者」ととらえられたからにほかならない。

そしてようやく解決にこぎ着けた後は、この「差別事象」は、研修などの場で「教材」として活用されていくことが定められている。同和対策室が制作した「同和問題啓発パネルカタログ」(一九九三年一二月)という冊子には、くだんの「差別ビラ」もちゃんと収録されてある(二五〇ページ)。

右往左往

皮肉にもと言うべきか、左京区の山間に三〇〇人以上を集めた研修会が行われた一九九二年一一月以降、京都府内では「差別落書き」事件が連続して起こっている。役所や公園のトイレで、駅や団地、大学、トンネル、墓地でも。

「エッタ死ね」「同和地区は、まっさつしろ」「クソ部落に公金出スナ」……。

落書きが発見されるたびに、行政は解放同盟から啓発不足を指摘され対応に奔走《ほんそう》しなければならなかった。立て看板やポスターを作ったり、「怪しい場所」をパトロールする夜回り隊も結成された。

「同和対策事業の不十分さが、差別落書きを書かせる土壌として存在している」（山城地区市町村連絡協議会）

「同和問題の解決へ向け今後も引き続き一層取り組みに努力する」（府同和対策推進会議）

といった内容の反省文や決意表明も連発され、「被害届」を警察に出す自治体もあ

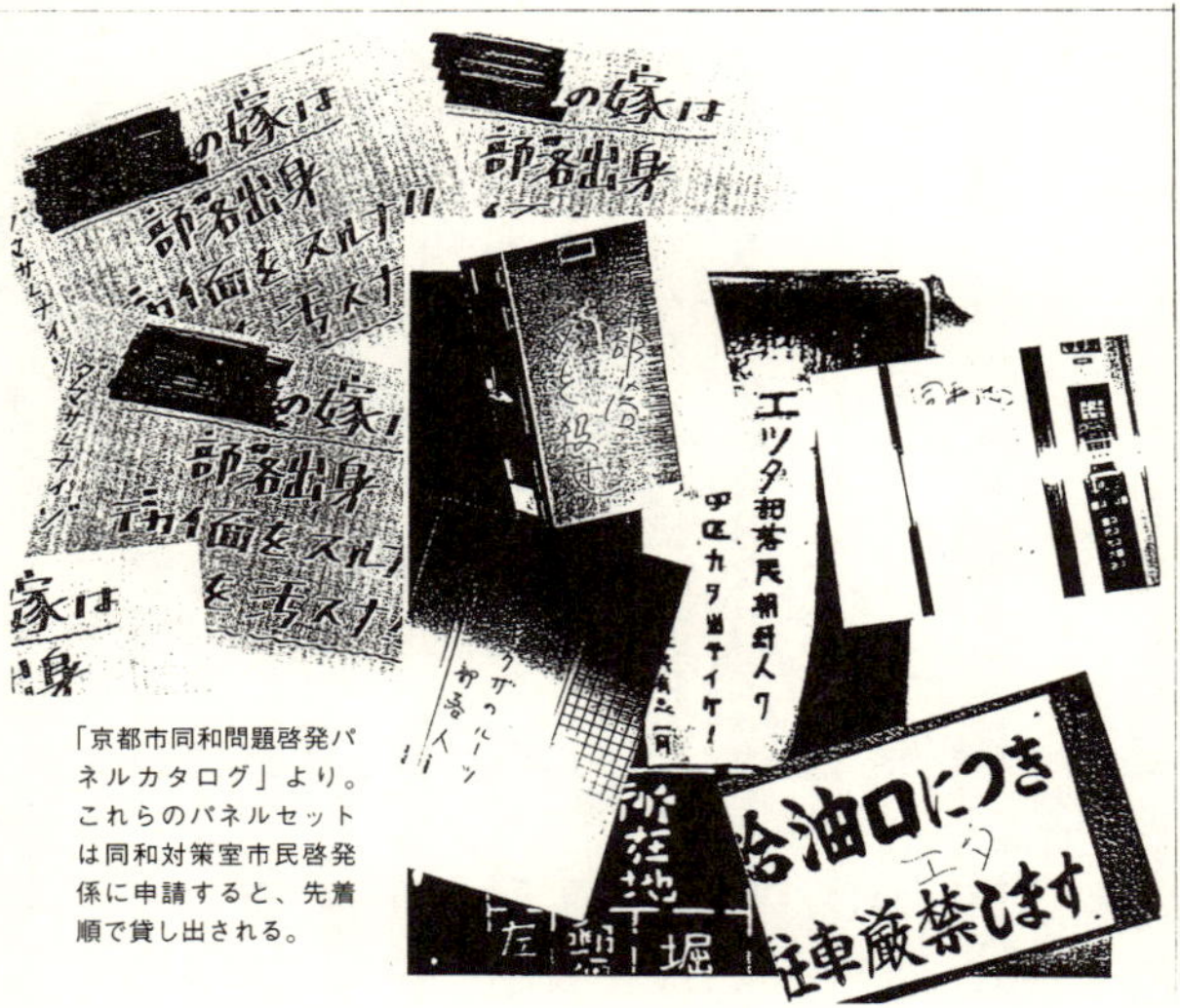

「京都市同和問題啓発パネルカタログ」より。これらのパネルセットは同和対策室市民啓発係に申請すると、先着順で貸し出される。

らわれた。

福知山市では、JRガード下の壁と市営墓地内のトイレにスプレーで大書きされた「差別落書き」の見学会が行われた。一二月一七日から約一〇日間で、府市職員、小中学校教職員、企業関係者など一五〇〇人が参加した。落書きの内容は二ヵ所ともほぼ同じ内容。「働かずくらしていける部落ものわれもなりたや恥をしのんで　福天狗《てんぐ》」。

「現場には市職員を配置。シートで『落書き』を隠し見学者が来ると一部を見せるというやり方で、説明はなし。見学者はだまって落書きを見て、氏名や所属団体名をノートに記入させられました」（『京都民報』一九九三年二月一四日付）

「差別落書き」が発見されなかった八幡市でも一月に見学会を実施している。こちらは市幹部職員二十数人が市のバスに乗り込んで、宇治市役所や宇治市文化センターの落書きのあったトイレを見学した。

京都市では落書きがトイレ内に多発していることに着目して役所のトイレを明るくして落書きをしにくくしようと苦肉の策も編み出したという。

行政は何か得体の知れないものに脅《おび》え、過剰な反応をしているように映る。こういったことを繰り返して、いったい部落問題の何が解決されるというのか。これに対し、全解連京都府連は重大な「差別事件」として騒ぎ立てる行政や解放同盟のやり方を批判する見解を発表している（二月一日）。「『落書き』が内容・形態いかんを問わず禁じられているのは社会的常識であり、消去もしくは施設や対象を復元することで基本的に解決する」と主張、誰が書いたかもわからない落書きを「差別事件」として取りあげて組織強化、利権獲得の道具にするなという内容である。「落書き」すべてを消せば解決するとは必ずしも思わないが、これが常識的な受け止め方ではないだろうか。少なくとも行政機構を総動員する問題ではない。

あれから一年。行政の「啓発」にもかかわらず「差別落書き」は今もなくならない。市同和対策室では「落書きの背景にあるのは同和施策に対する市民の『ねたみ』意識の結果だ。不況下の今、引き続き増える可能性もある」と言っている。

解放同盟も「運動によって昔のように公然とは差別できない状況になっているが、こういう陰湿な形で出てくるのが現在の特徴だ。差別意識はむしろ昔よりひどくなっている」（丹波淳一京都市協事務局長）ことを強調している。

前述のように解放同盟と行政は、「差別落書き」が今日においても深刻な部落差別の現実と市民の陰湿化した差別意識の証拠であると受け止めている。そして「差別落書き」を示して、同盟はさらなる同和行政の充実を要求し、行政も自分たちの責務だとしてそれに応じる。

だが、ときにはその順序が逆転し、行政に圧力をかけるために「差別落書き」「差別事件」をでっち上げるという事例も、これまでに何度か確認されている。

誰が「差別落書き」を生み出したか

一九九四年一月初め、解放同盟高知市連絡協議会事務局ポストに「差別手紙」が送られてきた。内容は同市内にある高知市立特別養護老人ホーム福寿園にかかわるもので、「朝鮮人を筆頭にエッタをつれて掃除をしているようであるがみるも汚らわしい」などと書かれてあった。手紙の宛名は同盟市協に勤務する在日朝鮮人で、彼の妻は福寿園に勤めていた。解放同盟では、手紙に福寿園の内部事情が書かれていたことを理由に、「犯人」は同園職員と断定する。同盟の追及を受けた高知市も、同園職員が書いた可能性があるとして、全職員に「差別手紙」のコピーをわたし感想文を書かせたり、個別に面談をするなど調査を行う。さらに同月一八日に行われた「差別手紙糾弾抗議集会」に出席した市長は、解放同盟がすすめる「部落解放基本法」の地方版とも言うべき「人権条例」制定づくりを表明するに至る。

ところが市の内部調査が始まってしばらくして、前年まで福寿園に勤務していた高知市のある係長が、手紙を書いたのは自分であると、「自首」してきたのだ。しかもこの係長は、これまでに解放同盟と結びついて、職場の「差別落書き」事件などを取り上げ、職場で部落問題の学習サークルを作ったりしてきた熱心な「活動家」だったのである。「自首」したのは、市の調査が筆跡鑑定などまでに及びはじめたことで追い詰められた結果と見られている。同盟と一緒に活動してきた人物が、なぜみずから「差別手紙」を書かなければならなかったのか。係長は次のように動機を語っている。「(市に)人権条例を制定させるには、いろんな差別事例が必要と思った」「部落解放のためにやった」(『赤旗』一九九四年二月二二日付)

滋賀県野洲町の野洲中学校では一九八八年一一月から翌年六月にかけて三七件もの「差別落書き」事件が起き、大きな問題になった。しかしこれもまた、同校内で解放同盟などが主張する「解放教育」を進めようとする教員による「自作自演」の疑いがきわめて強いことが、今日では明らかになっている。

事件は、「同和地区」の生徒の机や靴、学級日誌などに「エタ、アホ、死ね」などと落書きされたというものである。特定中学で落書きが繰り返し起こるという異様な事件だった。教育委員会や同盟などは「犯人」は生徒という前提のもと、同校での同和教育の不十分さを問題にした。事件後、この中学ではそれまで校内で反対の強かった解放教育が取り組まれていく。

ところが後になって、事件を追及する先頭に立っていた解放同盟滋賀県連教育対策部長の口から、意外な「真相」が語られる。一九九〇年六月に滋賀県のある自治体で行われた「同和研修」の講演で、この「差別事件」について、教育対策部長は次のように述べたのだ。

「ここだけの話ですけど、野洲中の落書きをしたのは実は大人なんです。そして学校内部の人間なんです。だれが考えてもそうとしか結論がでえへんのです。だれやと思います？　実は先生なんです。だいたいわかってますけど、言うてしまうといろいろ問題になるし、『いや、わしはしてへんでー』と居直《いなお》られたら終わりですので、言いませんけど、ここだけの話ですよ。ここだけの。実はそうなんです。子どもらもちゃんと知っているんです。ほんなん先生しかできひんわ、いうているんです。わたしらいいひんとき、何で差別落書きが出てくるんか、おかしいやんか、みな言うんです」

（京都市教職員組合「同和問題討議資料」）

教師が「差別事件」を演出し、生徒を「差別者」にし、そして反発の強かった特定団体の意向に沿った教育が強引に導入されていく――という仕掛けなのである。

この種の事件では過去に痛ましい犠牲も出ている。兵庫県篠山町で一九八三年八月に解放同盟中央糾弾闘争本部長の車などに、スプレーで「ヨツコロセ」などと書かれた落書きが発見された。町は大揺れに揺れた。篠山町の同盟支部は行政闘争の方針を決めた。ところが支部内部から落書きは支部長の仕業との疑惑が提起された。「この頃支部の活動が盛り上がらないので、差別落書きを書いたらどうか」などと言っていたというのだ。その後も、支部長が犯人であることを示す証拠が次々に出てくる。ところがこの「差別事件」は一九八四年三月、最悪の形で終結してしまう。疑惑がいっそう深まる中、この支部長がガス自殺してしまったのである。

解放運動の友人

これらとは別の意味で、「差別落書き」発生の原因は、運動の側にもあるという声が解放同盟内部からも聞こえてくる。藤田敬一氏（岐阜大学教授）は『「同和はこわい考」通信』という個人通信紙を発行している。『通信』は、「差別」—「被差別」の立場の絶対化・固定化を前提に進められる部落解放運動に疑問を呈する人たちの交流紙的な性格をもっている。その同紙に最近、「精神的に耐えられなかった」と言って長く続けた解放同盟支部役員を辞めたという人の手記が掲載された。

「自分が同盟員、ひいては支部の幹部でいること（名乗ること）が恥ずかしいということです。（略）表では一応『人間解放』という崇高《すうこう》な理念を訴えながら、中身を見れば……。この集団に近寄れば近寄るほどそのギャップを目の当たりにし、あきれはててしまう人々が増える一方です。このような状況は、決して自分の地域だけのことではないと思いますが」

そして多発している「差別落書き」事件についてこう書いている。

「運動体は、行政や落書き場所の企業に防止を要請するばかりで、自ら何かを積極的にすることもありません。これらの落書きの書き手の真意は分かりませんが、自分は行政の啓発不足より、前述したような運動のありようのほうが大きなウエイトを占めているように感じます」（『通信』No.77、一九九三年一二月一八日付）

それにしても「同和」「部落」ということがかかわると、なぜ人びとの表情は硬くなり行動がぎこちなくなってしまうのか。「落書き」にしても、「同和」以外の内容なら、これほどの反応を行政は示していないだろう。また、たとえば市民向けに行われている同和研修の場でしばしば見られる情景――うつむいて押し黙ったまま時間が過ぎるのをひたすら待っている参加者――を生み出す原因はなんだろうか。

私自身、こんな場面に出会った。毎年二月には、部落解放同盟京都市協議会などの主催による「部落解放京都市研究集会」が開かれる。その集会でのことだ。

ある分科会で、講師として招かれた大学の研究者がこんな趣旨の問いかけをした。「差別行為」をする人についてはもちろん批判をしなければならないが、その人がそのような行為に及ぶ背景について具体的に知る必要があるのではないか。たとえば運動団体の一部に、あるいは「同和地区」住民の一部に、悪感情を抱かせる要素はないと言えるのか、と。

途端《とたん》にフロアーから、「活動家」と称する女性が激しく反論した。

「差別されるのは部落の人の責任だと言うのか。こんな集会の場でそんなことを言ってほしくない」

気まずい雰囲気になった。多くの参加者は、まるで自分が批判されたかのようにうなだれ、盛り上がりかけた討論はしぼんでしまった。分科会の終わった後、参加者の一人が講師をつかまえて小声で言うのが聞こえた。

「思い切ったこと言われますね。私ら行政の人間があんなこと言ったらどえらいことですわ」

実際、たいへんなことになるだろう。「同和」と聞けば一方では過敏になり、もう一方では無反応になってしまう現実がある。この現実のもつ意味を考慮することなく、「啓発」や運動を繰り返しても、そこからは何も生まれないのではないか。

前記『「同和はこわい考」通信』の藤田氏はこんなことを書いている。

「部落解放運動は、なにかといえば七〇年の歴史を誇るけど、ほんとの友人をつくってこなかったのではないかとの感慨《かんがい》をいだきます。ほんとの友人とは、苦言や直言《ちょくげん》を呈《てい》し、ときには率直な批判もしてくれる、気のおけない身近な人のことでしょう。ところがここ二十数年、『部落民でないものは差別者だ』という断定がまかりとおり、協同者であるべき人を萎縮《いしゅく》させ、疲労させ、挫折《ざせつ》感にさいなまれるような状態に陥らせているのに、いっこうに気づかぬ風情。そんなことでは、いかに人間解放の希求を語ったところで説得力があるはずがない。心底そう思う」（『通信』No.75、一九九三年一

〇月一七日付)

第四章　「全国最悪」を語る

I　本音――96京都市長選にて

一九九三年京都市長選挙で惜敗《せきはい》した直後、井上吉郎氏（候補者）はこう語っていた。

「選挙中、マスコミの取材に応じていても、私が同和問題について話しはじめるとその途端、記者はメモを取るのをやめてしまう。これだけ市政の重大問題であるにもかかわらず、マスコミは同和のことを初めから記事にする意思もなければ知る気もない」

京都市長選挙で、「民主市政の会」側が部落問題を重要な争点の一つに掲げたにもかかわらず、市民的には強い関心を引くまでには至らなかった。

しかし今回の一九九六年選挙ではそれが変わった。新聞各紙は立候補者の政策紹介をする記事で、この問題を取り上げたのだ。同和行政の問題点を指摘するという報道姿勢こそ見られなかったものの、争点の一つとして位置づけた。

それには、一九六九年の同和対策事業特別措置法（同特法）以来、二六年続いた同和対策の特別法が九七年三月で打ち切りになることが確実で、京都府内の自治体でも同和行政の終結へ向けた見直し作業が進みはじめているということが大きく影響していることは確かだ。しかしそれとともに大きな役割を果たしたのは、九三年選挙後も井上さんをはじめ京都市職労や共産党などが継続的に京都市の同和行政の歪みを批判し、同和行政終結を要求してきた運動である。

とくに告示直前の一月二九日、部落解放同盟の推薦を受け選考採用で京都市に採用された清掃局員が短銃発砲事件で逮捕されたこともあって、今の同和行政が部落問題の解決につながらないばかりか市政全体をいかに歪めてきているかという訴えは、多くの共感を呼んだ。

選挙後初めての市議会代表質問（三月七、八日）でもその影響は鮮明だった。与党から「今回の選挙戦を通じて多くの市民が現在の同和行政に対する不信感をもつに至っていることは肌で感じたことだろう」「職員の不祥事が多発している一因として、職員の採用のあり方にも問題がある。選考採用を廃止し、一般公募による試験での採用にすべて切り替えるべきだ」などの声が出されている。

全国的な流れに背を向けて旧態依然とした同和行政に執着している京都市にも確実に大きな風穴が空いたのだ。

政争の具

部落問題の取材をしているとよく出会う声に、「同和を政争の具にしないでくれ」というものがある。行政や部落解放同盟関係者からよく聞かされる。「選挙になると『解同』言いなりの同和行政をただせという声が高くなるが、それは結局票集めのために市民がもつ部落に対する偏見を利用しているのではないのか」「歪んだ同和行政というがその歪んだ行政による施策を受けているのは全解連も同じではないか」（解放同盟市協関係者）……。

一方、同和行政終結を掲げているはずの全解連の会員——とくに古くから活動に参加した会員——からも戸惑いの声を聞かされることがある。

「改良住宅の家賃が安いと言われるがそれは昔、運動によってわれわれが勝ち取ったものじゃないか。運動もしない人からとやかく言われたくない」(全解連竹田深草支部員)……。

これらの意見に私は与《くみ》するつもりはないし、また、それぞれについて論理的な批判をすることもできるかもしれない。だが、すべての問題を「『解同』幹部言いなりの歪んだ同和行政」の一言のもとに切り捨ててしまうことにも納得がいかない。別の言い方をすればそれは、主体的努力を問わずに、行政と解放同盟に部落問題の解決の決定権のすべてをゆだねることにもなると思うのである。

団体補助金

田邊市長が病気を理由に任期半ばで辞任し、市長選挙が行われることが確定した数日後の一月一九日(一九九六年)、市内で共産党京都府委員会主催の「同和行政終結・市長選挙勝利をめざすシンポジウム」があった。共産党市会議員の報告のほかに、市役所や教育現場の部落問題にかかわる実態が、それぞれの当事者から語られた。

中でも参加者を驚かせたのは、市職労清掃支部のある役員が明かした清掃局のごみ収集現場現業職場（ほとんどの職員は選考採用による採用者）における一部職員の荒廃ぶりだった。勤務時間中に花札をし、定時まで職場にいない。管理職の指示に従わないし、職員としてのまともな研修もできない。またこの数年間に、解放同盟推薦の職員が起こしたスキャンダルの数々。これらのエピソードは選挙戦で、同和行政の歪みを象徴する実態として何度も話題に上った。

ところでシンポでのこの役員の発言は、次のようなことばで切りだされていた。

「全解連は補助金を断ち切るべきだ。同和行政終結を云々するなら、そのことから出発すべきだ……」

「補助金」とは京都市が解放同盟と全解連に対して支出しているお金のことだ。年間約六〇〇〇万円。内訳は解放同盟約四〇〇〇万円、全解連約二〇〇〇万円となっている。この運動団体への補助金は、選考採用、地区・住民の実情が大きく変わったにもかかわらずこの二十数年間見直されずに継続されている個人給付的施策とともに、京都市の同和行政の歪みをもっとも明瞭に示すものとなっている。だが、このことがシンポの席上でも選挙でも、議論になることはなかった。

後日、この発言をした清掃支部役員を訪ねた。

「個人施策の場合、個々の自覚や生活により一律に返上というわけにはいかないかもしれないが、団体補助金の場合は違う。行政の終結、施策からの自立をうたう団体ならすぐにでも断ち切ることはできるのではないか」と彼は力説する。

全解連京都市協としての補助金問題についての態度表明はない。一九九三年に発表した「京都市の同和行政の転換を求める基本要求」には「(行政の)運動団体への過大な便宜供与を一切やめる」との記述があるのみ。市協では「今後については検討中」と言う(その後、全解連は九六年度より補助金返上を決定した)。

「同和地区」の劣悪な環境が改善され、「地区外」との格差も基本的に解消されたにもかかわらず、「地区」の低位性を最大限強調して行政に対してさらなる要求闘争を繰り返す。一度握ったものはなかなか放さない。灘本昌久氏(京都産業大学教員)はこのような今日の部落解放運動をさして、「同対審しがみつき路線」と呼んでいることを第一章で紹介した(七四ページ)。「同対審」とは国の同和対策事業の出発となった答申のこと。灘本氏はおもに解放同盟の現状をさして命名したのだったが、全解連についても当てはまると言わざるを得ない。

全解連京都市協事務局長の川島康伸氏は運動の現状について、「同和行政対応の運動をやってきて、その体質の中で終結をいっても住民は理解しないし支持も得られないと思う。住民、市民と対話を進めると同時に運動の体質も変えていく必要があると思う」（『解放の道京都版』一九九六年一月一〇日付）と自省する。

だが「体質」を変えるに至るにはまだ多くの困難が横たわっている。

「選挙に負けて残念な気持ちと同時に、ほっとしたと感じている会員は少なくない」と話す全解連関係者に、私は何人も出会った。

「丸がかえ」の運動なのか

次ページの表は補助金の対象、支出先などの内訳を示した一覧である。情報公開条例を使って入手した。これには、運動団体主導で「実行委員会」などをつくって行われている行事などは除かれている。一九九四年度は五四八一万二〇〇〇円（内訳解放同盟三五三四万二〇〇〇円、全解連一九四七万円）、九五年度は四四五七万八〇〇〇円

平成７年度　補助金交付先一覧

（単位：千円）

全国行動，研究，研修，学習会等				
実施日	交付金額	件名	交付先	場所
5/ 9	550	第２次第１波中央行動代表派遣	京都府部落解放連合会京都市協議会	東京都
5/11	780	第１４波中央行動代表派遣	部落解放同盟京都市協議会	東京都
5/13-14	750	市協幹部学習会	京都府部落解放連合会京都市協議会	福井県
5/24	1，800	第１５波中央行動代表派遣	部落解放同盟京都市協議会	東京都
5/31	580	第１６波中央行動代表派遣	部落解放同盟京都市協議会	東京都
6/ 2-3	1，500	部落解放研究第９回京都府集会	部落解放同盟京都市協議会	福知山市
6/ 8-9	424	第１７波中央行動代表派遣	部落解放同盟京都市協議会	東京都
6/10-11	890	全解連全国活動者会議代表派遣	京都府部落解放連合会京都市協議会	岡山市
6/17-18	620	第１０回全解連婦人部大会代表派遣	京都府部落解放連合会京都市協議会	香川県
6/17-18	740	全解連青年部第１９回定期大会代表派遣	京都府部落解放連合会京都市協議会	岡山市
6/24-25	1，000	第５８回同授研全国集会代表派遣	京都府部落解放連合会京都市協議会	広島市
6/27-29	600	第４回中央福祉学校代表派遣	部落解放同盟京都市協議会	和歌山県
7/ 1-2	480	市協青年部研修	部落解放同盟京都市協議会	神戸市
7/27-28	700	第４４回部落問題夏期講座代表派遣	京都府部落解放連合会京都市協議会	京都市
8/ 3-5	1，700	部落解放第２７回全国高校奨学生集会代表派遣	部落解放同盟京都市協議会	高知市
8/ 4-6	1，000	「青年の旅」９５代表派遣	京都府部落解放連合会京都市協議会	広島市
8/19-21	1，000	部落解放第３９回全国青年集会代表派遣	部落解放同盟京都市協議会	秩父市
8/26	840	部落解放第２５回京都府女性集会代表派遣	部落解放同盟京都市協議会	京都市
8/27-28	1，400	全解連夏期市協学習会	京都府部落解放連合会京都市協議会	鳥取市
10/ 4-5	1，200	第１次中央行動代表派遣	京都府部落解放連合会京都市協議会	東京都
10/ 5	1，000	第１８波中央行動代表派遣	部落解放同盟京都市協議会	東京都
10/14-15	460	部落解放第７回全国識字経験交流集会代表派遣	部落解放同盟京都市協議会	瀬戸市
10/28	340	市協婦人部親子学習会	京都府部落解放連合会京都市協議会	滋賀県
10/28-29	530	第３３回部落問題研究者全国集会代表派遣	京都府部落解放連合会京都市協議会	京都市
10/28-29	580	第１７回全国青年スポーツ交流会代表派遣	部落解放同盟京都市協議会	鳥取市
11/11-12	2，400	第２４回部落問題全国研究集会代表派遣	京都府部落解放連合会京都市協議会	高崎市
11/11-13	2，400	第１８回全国部落解放保育研究集会代表派遣	部落解放同盟京都市協議会	福岡市
11/16-17	550	全国高齢者，障害者，母子・父子家庭，ヘルパー合同交流集会代表派遣	部落解放同盟京都市協議会	岐阜市
11/22-23	520	第５９回同授研全国集会代表派遣	京都府部落解放連合会京都市協議会	橋本市
11/24-26	934	第３１回全国高校生部落問題研究集会代表派遣	京都府部落解放連合会京都市協議会	和歌山市
11/25-27	1，200	第４７回全国同和教育研究大会代表派遣	部落解放同盟京都市協議会	伊勢市
12/ 2	870	第２回部落問題アピール署名運動全国交流集会代表派遣	京都府部落解放連合会京都市協議会	東京都
12/ 4	1，200	世界人権宣言４７周年東京集会代表派遣	部落解放同盟京都市協議会	東京都
12/13-14	460	第５１期第２回全国女性活動者会議代表派遣	部落解放同盟京都市協議会	和歌山市
1/27-28	350	全解連青年部活動者会議代表派遣	京都府部落解放連合会京都市協議会	神戸市
1/30	1，470	第１９波中央行動代表派遣	部落解放同盟京都市協議会	東京都
2/ 9-12	1，420	同盟市協青年部学習会・スキー研修	部落解放同盟京都市協議会	長野県
2/13	910	第２次中央行動代表派遣	京都府部落解放連合会京都市協議会	東京都
2/15-16	970	第１０回人権啓発研究集会代表派遣	部落解放同盟京都市協議会	大阪市
2/20	980	第２０波中央行動代表派遣	部落解放同盟京都市協議会	東京都
3/ 1-3	2，070	全解連第２５回定期大会代表派遣	京都府部落解放連合会京都市協議会	津市
3/10	320	部落解放第１３回京都府青年集会代表派遣	部落解放同盟京都市協議会	亀岡市
3/11	1，390	第２１波中央行動代表派遣	部落解放同盟京都市協議会	東京都
3/22-25	770	第１５回全解連市協青少年学習会・スキー研修	京都府部落解放連合会京都市協議会	新潟県
3/28	948	第２２波中央行動代表派遣	部落解放同盟京都市協議会	東京都
3/30-31	982	市協青年部学習会	部落解放同盟京都市協議会	大津市

平成８年度　補助金交付先一覧（９月30日現在）

H.8.9.30 [illegible]
（単位：千円）

全国行動，研究，研修，学習会等				
実施日	交付金額	件名	交付先	場所
4/ 5-7	2，000	部落解放第４１回全国女性集会代表派遣	部落解放同盟京都市協議会	和歌山市
4/18	550	第２３波中央行動代表派遣	部落解放同盟京都市協議会	東京都
5/22	1，750	第２４波中央行動代表派遣	部落解放同盟京都市協議会	東京都
6/12	2，550	第２６波中央行動代表派遣	部落解放同盟京都市協議会	東京都
7/25-27	1，700	部落解放第２８回全国高校奨学生集会代表派遣	部落解放同盟京都市協議会	宮崎市
8/31	580	部落解放第２６回京都府女性集会代表派遣	部落解放同盟京都市協議会	北桑田郡美山町
8/31<9/ 2	1，800	部落解放第４０回全国青年集会代表派遣	部落解放同盟京都市協議会	鳥取市
9/28-30	3，000	部落解放第３０回全国集会代表派遣	部落解放同盟京都市協議会	別府市

(同二六〇三万四〇〇〇円、一八五四万四〇〇〇円)、一九九六年度・上半期は一三九三万円ですべて同盟に支出。全解連は同年度より補助金を返上している。

「件名」を見ると、行政による運動団体への「支援」ぶりがよくわかる。自治体が支出する補助金について地方自治法では「公益上必要がある場合においては、寄附又は補助をすることができる」(第二三二条の二)となっているが、こんなものに「公益」があるのかと思われるものも少なくない。市民一般も対象にした行事だけでなく、大会や中央行動などへの代表派遣など、純然たる組織活動にかかる費用や、スキーなど娯楽としか考えられない旅行費用に対しても公金が使われている。行政依存どころではなく、「丸がかえ」と言ってもよいのではないか。また、京都市内で行われる行事への代表派遣に数十万円支出している事例もあり、その金額の妥当性にも疑問点が多い。

一〇年近くも前（一九八七年九月）に、行政が八鹿闘争、狭山裁判闘争や解放同盟の支部活動などに町費を支出したのは違法という判決が、神戸地裁で出ている（確定）。兵庫県八鹿町、養父町、朝来町の住民一八人が提訴したものだ。この判決では、補助金支出違法性の認定について次のような基準が示されている。

（1）当該地方公共団体に財政上の余裕があるか。

（2）どの程度の重要性、緊急性があるか。また「公益目的実現」に適切かつ有効な効果が期待できるか。他の用途に流用される危険がないか。行政全体の均衡を損なうことがないか。

（3）そして、「補助金支出が、目的違反、動機の不正、平等原則、比例原則違反など裁量権の濫用・逸脱となるときには、右補助金支出は違法」となる。

もちろん、この三町住民訴訟判決が断罪した違法補助金には、八鹿高校事件など犯罪行為にかかわるものが多く、今日、京都市の支出する補助金とは内容が異なる。だが判決の認定基準と照らし合わせると、やはり疑問点が多い。

「部落民」再生産

全解連西三条支部（中京区）は約六年前から「行政カンパ」を要求するのをやめた。「行政カンパ」とは支部で中央交渉などに行く際、市の管理職などから「カンパ」の名目で受ける援助（両市協に対して支給される補助金とは別）である。他支部の多くは、その徴収《ちょうしゅう》方法の違いはあるものの解放同盟と同様「行政カンパ」を募り、これが支部の財源にあらかじめ組み込まれているというが、西三条支部ではすべて自主財源による運動を行っている。またこの選挙戦で、「選考採用の特定団体枠をなくせ」と主張してたたかったほとんど唯一の支部でもある。支部長の菱崎博氏は、「行政対応型」の運動、行政に対し「物」を要求していくだけの運動から脱却することの重要性を強調する。

「解同との対抗上、そういう運動を組まざるを得なかった時期はあった。でもそれが今日、結果として地区住民を分断し、地区外からも共感を得られない状況をつくりだしてしまった。法期限切れに向けて新しい運動が必要だが、行政に頼り切った運動をしているかぎり展望は見えてこない。そのためにも自前の財源が必要になる」

西三条支部を中心とした粘り強い運動により、部分的にだが地区内施設の地区外住民との共同利用も定着している。また周辺地域で起きた「同和」に関する事件についても、この二〇年あまり地域の労組・市民団体などと協力して解決にあたるなど、「融合」に向けての運動を十分とは言えないまでも実践してきている。

菱崎氏自身は早くから行政の施策を返上した生活をしているが、最近「終結後の生活が心配だ」という人から相談を受けたという。

「何が心配なのか。あなたの今受けている施策は何か」と聞いたところ、改良住宅への入居（家賃七〇〇〇円）、銭湯（一六〇円）、子どもの保育料（最高でも一万円）だと言う。

「それらが一般の料金なみになったら生活が立ち行かなくなるのか。あなたのところは夫婦とも働いているではないか」と訊《き》くと、

「そう言われれば困るわけでもない。でも子どもの就職が心配だ……」

その人の子どもの就職はまだ一〇年以上も先の話だ。

「そんな先まで行政を当てにするのか。その子の自立を促す教育をするのが親のつと

めではないのか」

この二十数年間、実態が変化したにもかかわらず施策が生活の隅々まで入り込み続けた結果、「行政に依存した意識を日常的にもたされてしまった住民は少なくない」と菱崎氏は言う。

「同和地区」内外の格差が基本的に解消した現在、同和対策事業を続ける根拠は何か、あるいはその施策を受給する理由は何か。つきつめれば、そこが同和地区だから、同和地区住民（あるいは元住民）だからという以外にないのではないか。あるいは公衆トイレなどに書かれた落書きをもって差別はまだ厳しい、だから現在の施策も必要なのだと主張するのか。少なくとも、それでは市民的合意は得られない。結局、部落差別をなくそうと言いながら特別の同和対策事業をこの先も続け、それを受給していては、「部落」を再生産し、みずからを「部落民」と規定し続けることになるのではないのか。

融合の条件

歪んだ京都市の同和行政の背景には「『解同』言いなりの行政」の問題だけがあるわけではない。ではなぜ、全解連と協力・友好関係にある共産党や労働組合などがこの点を指摘しないのか、疑問に思う。

今回の選挙で大きな反響を呼んだ選考採用の件でも、民主市政の会側の主張は、全解連も採用枠をもっていることについての批判はなく、「特定団体の採用枠を廃止」するという表現しかしていない。補助金については問題にもされなかったし、市議会で共産党議員が補助金問題を追及する場合も「解放同盟、全解連への補助金」ではなく、なぜか「特定団体への補助金」というぼかされた言い回しに置き換えられてしまう。

選挙期間中にあえて「身内」を批判することはできない事情は理解できるとしても、それ以外の場でもこういった不正常な実態を直接批判した例を、私は知らない。部落解放運動史における共産党や全解連、あるいはその他の民主団体の足跡には輝くものがあるだけに、現状が残念でならない。そして個人的に私が残念に思うだけでなく、このことが部落問題解決を遅らせる枷《かせ》の一つになっているように思える。

Ⅱ 信頼――「同和」からの解放・神戸

一九九六年に開かれた神戸部落問題研究集会に参加した。全解連神戸市協議会を中心に市内の教職員組合などで実行委員会をつくり毎年行われており、今回が一二回目になる。

神戸の部落解放運動や行政の実情については、これまでにも紹介してきた（五八〜六三ページなど）。神戸では、一九八〇年代のはじめまでは京都市と同じように不公正だった個人施策などの同和対策事業を、運動団体と「同和地区」住民みずからの努力で、廃止・一般行政移行への取り組みを進めてきている。その神戸では、地域改善財特法の期限切れを前にどんなことが論議の対象になっているだろうか。

集会の参加者は約四〇〇人で会場は満杯。三分の一くらいが行政関係者だった。午前の全体会が終わると途端に参加者が半減するのは、おそらくどこの自治体でも似たようなものだろうが、京都の現状との比較で驚かされることがいくつかあった。

二つの到達段階

　まずは基調報告。全解連神戸市協議長の表野賀弘さんは法期限切れに関連して次のように述べた。

「圧倒的多数の同和地区住民が同和施策の恩恵を受けることなく生活してきています。同和対策の終結は、同和という重圧から心を解放することを意味します。同和という重圧からの解放は、市民的自覚を高め、市民的交流を大きく広げる力となることは言うまでもありません……」

「同和地区」住民のほとんどが施策とは無関係に暮らしているという現状も印象深いが、私がより注目したのは、同和対策の終結が住民のもつ重圧を解き放つという指摘だった。京都での法期限切れをひかえた論議といえば、現行の施策を体裁をつくろいながらどう引き継いでいくか、運動団体が握る特権・既得権をどう維持するか、あるいはいつどうやって手放すかということが中心だ。私自身、これまでの報告で取り上げてきたことといえば、「同和漬け」と揶揄《やゆ》される個人施策事業、運動団体の組織維持が最大の目的になってしまった市職員の選考採用、年間六〇〇〇万円にのぼる運動団体への補助金……といったことだった。とても「重圧からの解放」というレベルでの論議ではないのである。

「（解放同盟の『窓口一本化』を打破した後）不本意ながら全解連と解同のバランスの上に同和行政は進められるようになりました。こんな経過から全解連が（選考採用を）返上したら、また解同が独占するのではないか、京都市が責任をもって公正で市民が納得できる採用をやるのかどうか心配するんです。私たちは職免も団体補助金も返上しました。これから主体性、自立した組織にしていきたい。井上さん（一九九六年京都市長選候補者）が市長になったら、完全に一般行政に移行するたたかいをしていきます」（傍点引用者）

　これは一九九六年九月一八日に行われた「同和シンポジウム」（主催・教育と自治、人権を守る大運動実行委員会）での全解連京都市協の篠本静夫議長の発言だが、京都市の行政と運動の到達段階を象徴的に表したことばだと思う。

「やっぱり同和か……」

神戸市長田区。ここは一九九五年一月一七日の大地震とその後の火災によって、被災地の中でももっとも壊滅的な被害を受けた。アーケードの鉄骨だけを残してすべてが焼けてしまった商店街、建物が崩れ患者が生き埋めになった市民病院……震災直後からテレビに繰り返し映し出されたあの地域である。二年近く経った今もあたりを少し歩くだけで傷痕《きずあと》の深さを確認することができる。

同区の中央部に位置するのが全国でも最大規模の同和地区・番町だ。徹底的に破壊された周辺地域に比べここは改良住宅建設が進んでいたため、被害はまだましなほうだった。それでも地区内約二四〇〇戸のうち、約一四〇〇戸が全半壊、人口約五五〇〇人のうち、四二人が亡くなっている。改良住宅も一棟が倒壊、五棟が使用禁止になった。

今、地区を訪れると、大型のダンプカーが頻繁に出入りし、あちこちが高い塀で囲われている。公営住宅の建設、建て替え工事が行われているのだ。

「この建設ラッシュを見て、やっぱりあそこは同和だ。優遇されている、と思っている市民も中にはいるようです」

全解連神戸市協書記長の森元憲昭さんはうんざりしたように言う。大勢の市民が劣悪な仮設住宅暮らしを余儀なくされている一方で、同和地区住民だけは同和対策事業でいち早く公営住宅を建ててもらっていると誤解しているわけだ。しかし、震災後、同和地区がとくに優遇されている事実はない。現在の公営住宅建設工事は、崩壊した改良住宅の建て替えや震災前から建設のされることが決まっていた計画が着工されているに過ぎない。まったく新規の公営住宅一棟の建設工事が行われているが、これは同和対策事業としてではなく、一般の震災復興事業で行われている。

住宅だけではない。これまで運動団体も住民も、被災対策を同和対策事業で行うよう要求したことはない。震災後しばらくして、ある同和地区の自治会の一部から同和対策事業での復興を要求する声があがったことがあった。通常ならともかく、住む家も失われた非常時だ。一日でも早くもとの生活に落ち着きたいという思いはみんな同じはずだ。まだ特別法があるのだからこの際これを活用したらどうか——と。

しかし全解連はもちろん住民の多くも行政もそういった声に同調することはなかっ

た。震災は同和地区内外に関係なく被害を与えた。いくら困っているからといってわれわれだけが特別扱いされる理由はない。それに手続き的にも同和対策事業は時間がかかり現実的ではない。――全解連のメンバーらがそう主張すると、一時「同和対策」に傾きかけた住民もほとんどが納得したという。

いつまで「部落民」でいるのか

神戸市内の「同和地区」では都賀（灘区）がもっとも大きな被害を受けている。家屋の全半壊は全戸数の九〇％にあたる五一〇戸、死者二〇人。戦前からの木造住宅・アパートが多かったのが被害を大きくした要因だと指摘されている。都賀は市内でも一番同和対策事業が遅れた地区の一つだった。

震災から三ヵ月間、都賀に住む吉岡勇さん（六四歳）は妻、娘とともに、自動車の中での生活を続けた。自宅は潰れ（半壊）、とても住めるような状態ではなかった。避難所となった生活文化会館（隣保館に相当）も人であふれかえり、やむなく車に避難した。吉岡さんは一九七〇年に地区の部落解放同盟の支部が結成されて以来、地元の部落解放運動の中心を担ってきたが、震災直後から、みずからも被災者でありながら、避難所での炊き出しや救援物資の運搬・分配、火災防止の夜回りなど、被災者の救援にあたった。

都賀地域でも現在、公営住宅建設の運動が起こっているが、同和対策で何とかしてほしい、という要求ではない。あくまでも一般の復興事業での建設を要求しているし、その運動自体、周辺地域との共同で進められている。

吉岡さんによると、一九八〇年代に入って神戸市の同和行政が大きく見直される以前から、都賀では施策への依存度は低かったという。解放運動への住民の関心が弱かったという見方もあるが、全体的に経済面でも就労面でも教育水準の面でも周辺地域と比べて著しく劣っていた状況ではなかったことが大きな要因だった。周辺地域との交流も進んでいたし、さらに同和行政を利用して特権を得、組織を拡大していこうという団体が存在しなかったことも影響している。

「みんな震災以前も同和施策とは無関係で生活してきたから……。自分が『部落民』という意識もほとんどないです。だから家が潰れたからといって急に『じゃあ同和で』なんて誰も考えません」と吉岡さんは話す。

「同和」に寄りかかる意識も理由も何もない。もうこれ以上「同和」の名の付くものは何もいらない。一般行政でしっかり対応してもらえれば結構なことだ、とも言う。

神戸市が全国に先駆けて、改良住宅の家賃適正化（値上げ）、個人施策への所得制限導入・段階的廃止などをはじめとする同和行政の見直しができた理由として、神戸市がオール与党とはいえ共産党も加わる革新自治体だからだ、解放同盟の勢力がきわめて小さいからだ、という指摘を聞くことがある。そういったことも遠因としてはあるかもしれないが、私は運動団体と地区住民との関係がもっとも大きな原因と感じる。特権や施策を媒介にすることなく、部落問題の解決を最大目標に置き、信頼と要求で結びついている関係。そしてそれは、地区内の運動として完結するのではなく、たえず地区外に開かれた取り組みなのである。そういったことがあるからこそ、震災後、運動も同和行政も「逆流」することがなかったのではないか。

ところが、私がそういった感想を森元さんに言うと、即座に「否定」された。

「そんなたいそうなことをやっているつもりはない。ごく常識的なことをやっているだけだ。『そういう施策や事業がいま必要なんですか』『それで部落問題がなくなるのですか』と地域の人に問いかけているだけです」

全解連神戸市協は一九九六年五月、「同和対策の一般行政への移行の意義」「同和行政の終結への道」「不適正な同和行政の解決」などを柱とする、きわめて具体的で詳細な「提言」を神戸市に提出した。「提言」という形をとってはいるが、四半世紀以上にわたって続けられた同和行政に、今この時点で完全決着をつけるための全解連の決意表明書とも読める。

自由な論議と監視

冒頭紹介した神戸での研究集会で、もう一つ驚かされたことがあった。私が参加した分科会「人権啓発・教育の問題点を考える」でのことである。パネラーは全解連幹部、教育研究者（退職教員）と集会実行委員長も務める大学教授の三人で、司会は神戸市職員だった。討論の中で大学教授が全解連の意見を手厳しく批判するのである。私がこれまでたまたま出遭わなかっただけかもしれないが、公的な場で目の前にいる運動団体幹部の意見に批判を加えるという事実にびっくりさせられた。しかも二〇人ほどの分科会参加者も司会者も、批判された当の幹部も特段いつもと違うことが起こっているという様子ではないのである。

後日、司会をしていた市職員に話を聞くと、あんなこと少しも珍しいことではないと言う。むしろそういうことを特別なこととして受け止める私のほうがいぶかしげな目で見られた。これも神戸の実情を象徴的に示すエピソードだと思う。

歪んだ行政の責任の多くはもちろん行政自身にあるには違いない。だがその実態について、民主団体といわれる組織や市民一般が、行政と運動団体に対してどれだけ批判的な目を向けてきたか、考えさせられた。

「いま議論されているのはきれいごとの論理ばかりで、将来大問題を引き起こすのではないか」

一九九六年一二月一八日の定例記者会見での桝本頼兼京都市長の発言は、京都市の時代錯誤ぶりを世間に示した。全国の自治体で見直しの相次いでいる職員採用試験の「国籍条項問題」(在日外国人には受験資格を与えていない問題)についてだ。

「公権力の行使や公の重要な意思決定をする際に、(日本)国籍のない人がかかわった場合、市民はどう感じるだろうか」「(日本)国籍のない人が(市政の)重要な意思形成にかかわり、何か問題が起きたらどうするのか。そこの部分が論議から抜けている」(『毎日新聞』一九九六年一二月一九日付)

さらに市長は、「国籍条項」は当然の法理であり、時代の変化に合わせて変えるべきではない、撤廃《てっぱい》云々の検討すら必要のないことだ、とまで断言している。

桝本市長の頑迷《がんめい》な姿にふれてどうしても関連して考えてしまうのが、これまで再三取り上げてきた「同和対策」の名のもとに行われている選考採用である。

一方で、市民の批判や議会決議におかまいなく、何の必然性もない「部落民条項」とでもいうべき枠をつくり市職員に採用し続ける。しかも運動団体の推薦があれば「事実上採用はフリーパス」（運動団体関係者）で、この制度による弊害についても何の反省も示さないという実態。その一方で、就職の機会不平等でいえば比べものにならないくらいの困難を抱える在日外国人に対しては、「撤廃」の検討すらしないばかりか、その要求や努力さえも愚弄《ぐろう》する態度。もちろん国籍条項問題と選考採用とは事の性格は違うし、直接の関連があるわけでもない。だが、同和行政の取材を通してみると、この二つは重なって市政の課題の一端が見えてくる。

荒廃する職場

私はこれまで個人施策を中心に今日の京都市の同和施策の問題、それに対応する部落解放運動団体の問題について数年間にわたって報告してきた。終わりにあたって、さまざまな立場から同和行政、部落問題についてかかわっている方々から、現状の見方、今後の方向性について話を聞いた。

まず、京都市職労清掃支部支部長の山下明生さん。「選考採用」者の多くが清掃の現場に就く。この間、恐喝や詐欺、暴行など市職員の不祥事が続発しているが、彼らのほとんどがここで働いていた。同支部所属の組合員で一連の事件に関係したものはいないが、当然のことながら周囲の風当たりは強い。

「選考採用」によって、市ではなく、事実上運動団体の「選考」でさまざまな人材がやってくる。中には社会人として問題があると思われる人物もやってくる。そのことによって清掃の職場にどのような弊害が生まれているか、以前にも紹介したが、何回聞いても驚かされる。ある現場では、「スヌケ」と称する無断早退が横行し、勤務時間中のマージャン、花札も珍しくない。そういった状態を管理職はただそうともしない。当局が毅然とした態度をとらない中、一人の管理職の努力でどうにかなる状況ではもはやないからだ。

「真面目に仕事をしようと入ってきた職員も、こういった環境の中で次第に流されていくケースが多い。選考採用は現状では同和問題にとってなんの成果もあげていない」と山下さんは言う。

市職労はもとより、清掃支部としても団体に採用枠を与えた選考採用を即時廃止し、すべて公開公募に移行するよう要求している。

京都市ではこれまでに、行政ぐるみでかかわった不正事件が数多く起こり訴訟にもなっている。公金詐取、カラ接待、カラ出張、土地買収代金ピンハネ……。こういった事件を弁護士の立場から追及してきた村井豊明さんは腐敗の実態を目の当たりにしてきた。

「同和対策室の帳簿を見るとほとんど毎日のように運動団体の役員と飲み食いに明け暮れている。市は同和事業を進めるうえで必要な会合だったと言い訳するが、誰と何の目的で飲みに行ったのかさえ、いっさい明らかにできないし、税金を使っての接待漬けは許しがたい」

こういった現状が刷新《さっしん》されないかぎり、同和行政にかかわる不正はいつまでたってもなくならないし、いまだにベールに包まれた部分も多いと言う。

「これまでの同和行政に対する批判は、選挙や事件が起こったときにいろんな団体が実態を告発していくというやり方が多かったが、これからは情報公開条例などを使って日常的に内部の実情を明らかにしていくことが求められると思う」

「全体の奉仕者」の放棄

部落解放センター(京都市北区)三階に事務所をおく京都部落史研究所の所長、師《もろ》岡佑行《おかすけゆき》さんは、歴史研究とともに解放運動のあり方に対しても積極的な発言を行っている。全解連や共産党とは別の立場からだが、師岡さんもまた、現在の京都市の同和行政、運動は全国的に見ても一番後れた問題を抱えているとみている。戦後の解放運動は、部落の劣悪な実態は行政の責任だとして、行政にいろんな事業や施策を要求する「行政闘争」がその中心を占めていたが、その「闘争」自体の再検討が必要だと言う。

「行政闘争の原型で典型なのが『オールロマンス闘争』だ。解放同盟も全解連もこの闘争は今でも肯定的に評価しているが、今日から見ればそうとは言えない面もある」

闘争以後、それまでの何倍もの同和行政予算が組まれ環境改善などが進んだのは確かだが、同時に行政と運動がリンクしてしまった。差別行政と糾弾された市は、運動が要求するままに、地域の課題なら何もかも責任を負わされるようになった。そうして、京都市政全体の中で同和行政をどう位置づけていくのかということを欠落させたまま、とにかく部落だけを囲い込み、事業が続けられた。

「たとえば私の自宅近くの老人福祉センターは旧山科村役場の建物をいまだに使っている。利用者は多いのだが、そこは冷暖房もなく雨漏りがするなどとにかく酷《ひど》い状況だ。改善を自治会で再三要求しても市はいっこうに応えようとしない。その一方で部落には施設をたくさんつくる。つくること自体悪くないが、明らかにアンバランスが生じている。そういったことはいろんな点で指摘できる。京都市は同和行政をやることによって、本来公務員の立場である『全体の奉仕者』であることを放棄してしまったのだ」

オールロマンス闘争があまりにも「行政闘争」の典型であったために、京都において、行政と運動のリンクは容易にとけず、行政としての「全体性」の喪失《そうしつ》も他都市に比べて顕著《けんちょ》だった、その結果が今日の状況を招いている。運動の原点を今日の視点からもう一度見直すことによって今後の運動の方向性を考えていくべきだと、師岡さんは主張している。

主体性以前の問題

全国の同和行政の流れから見た京都市の特徴について、部落問題研究所（京都市左京区）理事長、杉之原寿一さんがまず指摘するのは市の主体性の欠如である。

「不公正乱脈ぶりが市民の批判を浴びても、市議会で三度にわたって是正が決議されても、市理事者はそのすべてを握りつぶし改めようとしない。あるいは同和問題懇談会で意見具申《ぐしん》を作成するときも、まず部落問題解決の理念から議論しようと主張する委員の意見を茶化してしまう。京都市の同和行政は全国でももっとも後れた自治体の一つだが、そういった姿勢こそがいつまでたっても事態が改善されない大きな理由だと思う」

最近論議になる機会が増えてきたというものの、同和行政の実態が市民的にはまだ知らされていない。不公正乱脈の克服に成功した自治体の共通点は、今いったいどんなことが行われているのか広く住民に暴露している。それを知った市民が怒り、立ち上がっていく。いくら一部の人たちが行政に主体性を確立せよと迫っても、それを要求する市民の力が弱ければどうにもならない、と杉之原さんは言う。そして批判する市民の力を結集する中心となるのは、やはり全解連であると、期待をかける。

だが全国的に共通する問題ではあるが、その全解連の運動にも、行政の事業や施策の「受け皿」としての運動に矮小化してしまっている面があるのも事実だ。

「ある自治体で特別養護老人ホームをつくる市民の会ができ、全解連支部も参加した。ところが財源の問題で行政側が建設は難しい、しかし同和地区にはつくると言ってきた。すると途端に全解連は市民の会の活動に消極的になり、そもそも市民の会に入ったこと自体が間違いだったという意見も出ているという例もある。今日に至っても地区を対象にした特別対策を要求する運動、『同和』の枠内の運動では支持は得られないし、問題の解決にもならない。同じ課題を抱えている人々との共同を追求する運動形態に変わっていかなければ展望はない」

戦後の日本の民主主義運動の中で、部落解放運動はもっとも強力にたたかわれ、もっとも多くの成果を勝ち取った運動と言えるだろう。そして何より、この運動に参加した大勢の人の中に、強烈な人権意識を植え付けていったという点においても特筆できるものだろう。少なくともその初期においては。かつて京都には、その一番進んだ行政と運動が存在していた。それが数十年後の今日、全国でももっとも深刻な問題を抱え込み、いまだ容易に解決の方向に踏み出せないでいる。

部落解放運動の戦後史をみると、運動というものが、どのような理念と方法で人びとのこころをとらえ成長していくのか、そしてその運動は、どのような領域に足を踏み入れたとき、腐敗・堕落をはじめていくのか、一つのテキストのように示唆《しさ》しているようにも思う。この京都の「経験」を政論的にではなく、厳密に見直していく必要がある。

最後に、取材を通してとりわけ痛感してきたことを再度述べ、結びたい。

第一に、部落差別をなくすために行われているはずの同和行政の有害性である。事業や施策は、今や差別や格差があるから、その対策として行われているわけではなく、単なる「部落民」対策、あるいは運動団体対策として行われているという色彩が強いのが実情だろう。選考採用の実態を見ればそのことがよくわかる。行政が打ち切れば、その日から部落問題がすべて解決するわけではもちろんないが、継続することの意味は何も見つけることができない。また、運動団体ではしきりに「行政依存」型の運動からの脱却を掲げるが、この選考採用について決着をつけないかぎり、その達成はほとんど不可能と言っていいだろう。

第二に、行政に対する市民的監視の不十分さである。突出した事件が起きると、当然市民の関心が向き、批判の声も高まるが、「事件」追及だけでは現状はどうにもならない。「事件」にならないまでも合理性を欠く行政・事業は今も続けられているが、それは事実上見過ごされてしまっている。問題なのは「事件」だけでなく全体なのだ。政党など特定の団体だけでなく、市民的な監視下に同和行政を置かなければならないのではないか。

そして第三に、同和行政、あるいは部落問題を語る立場についてだ。ともすれば二者択一《たくいつ》を迫られる。つまりあなたは解放同盟側か全解連側か、と。私のルポに対しても、直接間接にそのような苦言を呈する声に出会うことがあった。そういった「立場」の旗幟《きし》を鮮明《せんめい》にすることに意義があるテーマもたしかにあるだろう。しかしそういった視点からはとらえられない、説明のつかない問題も厳然と存在するのも事実である。あらかじめ設定された「立場」からではなく、目の前の現状から論議をはじめることの大切さを感じている。

文庫版あとがき

本書は、かもがわ出版より刊行された『だれも書かなかった「部落」』(一九九七年)をベースに、同『「同和」中毒都市』(一九九九年)から二、三のレポートを付け加えて文庫化したものです。文庫化にあたり、最小限の修正を加えました。

収録したレポートの大半は、京都市職員労働組合という京都市役所職員でつくる労組が母体となって刊行している『ねっとわーく京都』という小さな月刊誌に、「京都の部落を歩く」というタイトルで一九九四～九七年にかけて断続的に発表した連載がもとになっています。一九九七年の単行本化の際、大幅に修正を加えていますが、登場する人物の年齢と役職名、同和対策事業名とその内容は、いずれも雑誌発表当時のものです。また、人名の一部に仮名を用いていることもおことわりいたします。

連載開始から一〇年あまり、単行本になってから数えても、もう八年になります。わたしは今も京都市で取材を続けています。残念ながら大きな行政機構や運動の前には、わたしの問題提起などほとんど無力で、全体状況を変えることはできませんでした。同和対策事業を機能不全に陥れたことの責任についてはろくろく省みられることもなく、京都市においても同和行政は終結を迎えました。

ただし、終結したあとになって、本書のレポートや取材の過程で廃棄される寸前にかき集めた京都市の公文書を糸口に、いくつかの同和対策事業における不正行為、違法な運用実態、行政と解放運動の癒着ぶりについて、光をあてることができました。本書以後の展開についても、いつかまたご報告できればと思っています。

二〇〇二年三月の同特法の完全失効を機に、それまで不合理な行政や運動を追及してきたグループの中にも、この問題に対する関心が薄れつつあるようです。しかし、わたしはこのまま一緒になってうやむやにすます気にはなれません。というより、全国の同和事業と運動がもたらした結末の分析は、これからの人権や人間の安全保障を考える際、重要なことを示唆していると思います。

本書のような内容のレポートを、おもに地元京都市内で発売される雑誌において長期間書き続けられたことは、本当に幸運でした。『ねっとわーく京都』以外の媒体では、とうてい実現し得ないものだったと思います。同誌編集部と発行母体の京都市職労のみなさんに改めて感謝申し上げます。

『だれも書かなかった「部落」』ははじめての単著だったこともあり、わたしとしてもとても愛着のある本です。今回文庫版という形で新たな発表の機会を与えてくださった、講談社生活文化局の早川真さん、彩雲社の小口透さん、そして、かもがわ出版の湯浅俊彦さんに、心よりお礼申し上げます。

二〇〇五年三月

寺園敦史

本作品は、かもがわ出版より一九九七年五月に刊行された『だれも書かなかった「部落」』と、一九九九年二月に刊行された『「同和」中毒都市』の一部に、加筆・訂正の上、再編集したものです。

寺園敦史―1961年、鹿児島県に生まれる。関西大学経済学部卒業。「京都民報」記者などを経て、フリージャーナリストに。Japan Skeptics（「超自然現象」を批判的・科学的に究明する会）運営委員。
著書には『だれも書かなかった「部落」』『「同和」中毒都市　だれも書かなかった「部落」2』『だれも書かなかった「部落」3』（以上、かもがわ出版）、共編著には『同和利権の真相』（宝島社）、共著には『京に蠢《うごめ》く懲りない面々』（かもがわ出版）などがある。

講談社+α文庫　だれも書《か》かなかった「部落《ぶらく》」

寺園敦史《てらぞのあつし》

2005年4月20日第1刷発行
2005年5月21日第2刷発行

発行者――野間佐和子
発行所――株式会社 講談社
東京都文京区音羽2-12-21 〒112-8001
電話 出版部（03）5395-3532
販売部（03）5395-5817
業務部（03）5395-3615

カバー写真――共同通信社
デザイン――鈴木成一デザイン室
カバー印刷――凸版印刷株式会社
印刷――慶昌堂印刷株式会社
製本――株式会社千曲堂

落丁本・乱丁本は購入書店名を明記のうえ、小社業務部あてにお送りください。
送料は小社負担にてお取り替えします。
なお、この本の内容についてのお問い合わせは
生活文化第三出版部あてにお願いいたします。
Printed in Japan ISBN4-06-256929-9
定価はカバーに表示してあります。